超人気プロコーチが教える

モテる男の会話術

(株)フレックスコミュニケーション代表
播摩早苗
Sanae Harima

PHP

はじめに

こんにちは。播摩早苗です。はじめに、この『モテる男の会話術』を書くことになった話からしますね。

去年の夏に、フリーペーパー『R25』の編集者から「コーチングで合コン」というテーマで取材を頼まれました。その話を受講者や仲間のコーチやスタッフにしたら、数人から「ふざけている」「合コンなんかにコーチングを使わないで欲しい」と言われました。そりゃあ、そうだよね。「コーチングはクライアントの目標達成をサポートする」「コーチは相手に無限の可能性があると信じて、答を引き出す」というのがコーチングとコーチの定義。特に私はいつも管理職の人たちに、真面目にコーチング研修を提供しています。だから「そんなことにコーチングを使わないでえ〜」っていう気もちも分からなくはなかった。

でも私は「ちょっと考えてみてよ」と反論しました。「誰だって、同性にも異性にもモテたい、好かれたいでしょ。それって普通のことじゃない。そして、愛する人と心満たされる時間を過ごしたいし、豊かな人間関係が欲しい。それが人生を充実したものにする大切な要素であることを知っているから。だから、ビジネスで使うコーチングスキルはOKで、合コンで使うコーチングスキルが下世話だとは、私は思わないな」と答えました。

いよいよ『R25』のライター篠本君が当社を訪問してくれたときに、私は「合コンの成功をどこにおくの？」とホワイトボードに箇条書きにしてきいてみました。こんな風に。

①参加者みんなが盛り上がる
②隣のコとの二人の会話が盛り上がる
③意中のコと次のデートの約束を取りつけられる
④その夜のうちに二人っきり

答は、②か③ということでした。もうお気づきと思うけど、①～④の目標、どれをとっても、コーチングスキルだけで成果は得られないです。別のスキルとの「合わせ技」が必要。ですが、②・③はコーチングの有効領域が広い目標と言えるワケです。ビジネスでもそう。部下マネジメントにおいてコーチングだけでうまく進むなんてことはない。職能が不足している相手ならティーチングしなければならないでしょ。

そんななりゆきで去年『R25』に「合コンから学ぶ。超実践！　コーチング塾」という記事が掲載されました。

その後、『R25』の読者のオトコのコからの「もっと詳しく知りたい！」というご要望に後押しされ、「チョイもてコーチング」というブログを書き始めたんです。たくさんメールをもらったんだけれど、すごく真剣だった。みんな「使えるスキル」が欲しいと思っているのね。

書き続けてしばらくたってから、書籍にする話がやってきた。担当は若い編集者の次重浩子さん。ブログを同性も読んでくれているのだなあ〜とうれしくなっちゃいました。

さて、世の中には「どうやったらモテるか」という主旨のマニュアルが多い。でも、ここは冷静によく考えてほしい。オトコのコの言動が本人のキャラとかけ離れてると、オンナのコは「マニュアルどおりでキモ〜イ！」と感じます。

「『メンズノンノ』や『レオン』を見て、そのとおりに洋服をきめてきたな」とバレバレなのも、似合っていなければこっけいなだけ。

話題もそう。「モテテク」に書かれている「合コンのとき、三割は仕事の話をしよう」って、どんな根拠なんでしょ。

私の会社（株）フレックスコミュニケーションの女性スタッフとよく話すんだけれど、「この記事を書いてる記者は、間違いなくモテない男なんじゃないの？」と想像できることがあるのね。なぜって、女性が読んだら笑っちゃうような表面的なものだから。それらの中には「まさかねえ！」と思うものもあります。たとえば、「女の子は、髪と手をほめるとオチやすい」って、「それってどんなオンナのコよ？」って笑うに笑えないような話。

オトコのコもいろいろであるように、オンナのコへの対応も、必勝成功パターンなんてないのね。あると思っているほうがどうかしてる。そういう「モテテク」をオンナのコは冷ややかに見ていることをまず知ってほしい。

ブログを書き進めていくうち、「モテるためのコミュニケーションとしてのコーチング」は、宴会や接待でも使えるスキルであり、同性の友人や家族にも使って欲しいスキルだと思いました。つまり、オンビジネスでもオフビジネスでもコーチングは有効なのです！

だから、若いビジネスマンにコーチングを身につけて欲しい！　のです。その導入が「合コン」でも「モテテク」でもこの際ＯＫでしょう！

そんなわけで、この本は真面目に愛をはぐくみたい人にも読んでもらえます。もちろん、男女の仲ですから、突然の別れがやってくることはありますけれどね。まあ、コーチングスキルを使って恋が破局したとしても、私は責任を取れませ〜ん。

実は、この書籍は女性中心でつくっています。編集者、イラストレーター、本文デザイン、著者の私と女ばかりなんです。「げっ。こういう男、大嫌い」「いるいる。こういうオトコのコ」「わあ、この本昔の恋人に読ませたい！」なんて、盛り上がっています。みんな結構、男で痛手受けてるんだなあ〜。

でも、実は本書の中に記したことは、女性にも伝えたいメッセージです。合コンでの成功だけではなく、結婚したいと考えている人、すでにパートナーがいるけれどももっと親しくなりたい、家族を大切にしたいという人にも読んでほしい。

それから、ここに書いてあるスキルはすっごくカンタン。誰にでもできるし、早くできる。現に『R25』の篠本君は私から二時間の「即効コース」で教わって、その足で合コンへ行き、ちゃんとスキルを使えたんだから。いつでも練習できるし、相手はオンナのコじゃなくてもＯＫ！　知らない間に異性ばかりではなく、同性にもモテてるよ。今、「どうかな〜」って疑っているあなたもきっと使えるようになる。

成果が出たら感謝してね〜♥

播摩　早苗

モテる男の会話術

目次

Lesson 1
「オンナのコにモテる」ってどういうこと？

さなえセンセイ
社長さんから若者まで、
幅広いファンを持つ
コーチングの先生。
時に厳しい。

Lesson 2

明日は合コン！　という人のための必勝術

なごむクン
イケメンではないが「癒し系」キャラとして人気。女ともだちはけっこういたりする。

もこみつクン
それなりにモテるが、付き合ってもなぜか長続きしない。自分大好き人間。

あきばクン
彼女いない歴が年齢と一緒。女の子と話そうとするだけですでに汗だく。

Lesson 3

要チェック!! だからあなたはモテないんです

Lesson 4

「合コンを制する者はビジネスをも制す」のだ

えー
昨日トムと電話したんだけど、それがさぁ…あっトムってトルク●ーズのコトだよ。知ってるよね彼も今
電話の相手ボクだよ…
じゃあおまえがトムだ

Lesson
1
「オンナのコにモテる」ってどういうこと？

いかにも「モテそう！」っていう男のほうが、実はモテていない

「女性の自立」なんて言葉は、使い古された言葉になりましたね。ことさら言わなくても、強く、しなやかで、ハンサムな、自立した女性が大勢いますよね。同性として、嬉《うれ》しい限りです。

かつて、「おんなの花道」といえば結婚。二五年も前、私が社会人になって初めて就職した会社には、「女性は三年くらいいてくれればいい」という空気が蔓延《まんえん》していたし、事実、多くのオンナのコが結婚して退職することを願っていました。

そんな時代の若いオンナのコたちは、どんな男性が理想だったかなあ～と思い返してみると……。

専業主婦になって、毎日その人ばかりを見ているんだから、「いい男」がいいに決まってる。そして、社会からの風除《かぜよ》けと経済的役割は主に夫に任せるんだから、精神的にも肉体的にもタフで、生活力がある人。つまり、家事分担してくれる男より稼ぐ男。やさしさより強さ。結婚退職するという人生設計からはじいたら、そんな理想の男性像が浮かんでくる。

じゃあ、現在はどうか? 自立したしなやかな女性たちは、「強さ」は男性だけのためにある修飾語ではないことを知ってる。自分自身も強いし、強くあろうとしてるでしょ。そうなれば、パートナーに求める理想は「生活力がある顔のいい男」から大きく変化していくはず。

しかも、これだけ豊富な情報があれば好みも多様化しているんです。

同僚のオンナのコを見てみて。か弱げなオンナのコなんて少ないでしょ。あなたの「お母さん世代」の女性が求めてたものを、もしあなたが正解だと思っているとしたら、違っているかもしれない。

東大卒の高橋克典似より、癒し系のオトコのコ

つまり今、オトコのコたちには、「こうなればいい男のボーダーの内側に入れる」という以前のような統一指針がない。事実、右往左往して「いい男マニュアル」を読み漁《あさ》っているオトコのコのなんと多いことか……。では、女性にとってのいい男って、どういうことか知ってます?

まず、**「女は（容姿の）いい男が好き」という論理は男性の側の思い込みの割合が高い**と感じます。もちろん「いい男大好き!」の女性は大勢いますが……。

そもそも女性も男性も、DNA的に自分が優勢だと、相手が劣勢であっても気にしないというデータがあります。つまり、背の高い女性は、相手の身長は気になりません。

美女は相手が野獣でもいい。二重まぶたの人はさっぱり一重まぶたが好きなのです。

現代女性がどんな男性を好きか、について書いているものを読むと、「古いマニュアル」が圧倒的に幅を利《き》かせています。

ところが、私の会社で主催している「出会い型コーチングセミナー」では、いかにもモテそう！　というオトコのコより、**いかにも癒してくれそう！　というオトコのコのほうが人気**です。

先日開催したときは、東大卒・一流企業・顔は高橋克典似という講師一推《お》しのオトコのコより、現在職探し中・趣味はダイビングという笑顔のさわやかなオトコのコが女子の一番人気でした。分からないものです。

ちょいモテ男になる30秒ワーク

「容姿がいいわけじゃないのに、なぜかモテるあなたの友達の魅力」について考えてみて。

女性が男性に求める条件とは?

オンナのコがオトコのコに求める条件のトップとして挙げているのは、「包容力」です。それと、これまたよく要望されることに「やさしさ」もあります。といっても、どちらも、「それってどういうこと?」って思いません?

包容力は、字の通りで「包容する力」です。「優柔不断」なことと勘違いしているオトコのコが多いのではないかな。「やさしさ」も、意志の弱さではないはず。つまりオンナのコが求める「包容力」と「やさしさ」とは、どちらも「自分自身をしっかりともった真の強さに支えられている包容力ややさしさ」ではないでしょうか。

では、オンナのコはどんなときに異性の「包容力」「やさしさ」を感じるんでしょう。

当社で行なったアンケートによると、**女性は圧倒的に「話を聴いてもらっているときに包容力ややさしさを感じる」と答えています。**「自分の話を聴いてもらう」ことでオトコのコに魅力を感じるオンナのコは多いということ。

欲しいものを買ってくれる、カタログのような素敵なレストランをたくさん知っている、車で送り迎えをしてくれる……、そんなやさしさも捨てがたいけど、「話を聴いてくれること」に比べたら優先順位は低いのです。にもかかわらず、合コンのとき、「オレが、オレが」って自己主張に時間をつかうオトコのコ、多いよね。

「君の言葉は届いたよ」というサインが大事！

さて、この「話を聴いてくれる」というのは、何でもかんでも賛成・同意してくれる、という意味ではありません。ここ、誤解のないように！ オンナのコは**「きいたら、まずは受け止めて欲しい」**んですよ。あなたが反対意見をもっていても、まずは受け入れてさえくれれば構いません。

コーチング的に言うと、これは「聴く」というスキルです。「君の思いは僕のマ

インドに届いたよ」「言いたいことは理解したよ!」ということが伝わる聴き方をして欲しい。

それは、ほんのささやかなサインで構わないいんです。たとえば、「**相槌《あいづち》**」とか、「**頷《うなず》き**」、たまに「**自分の言葉を繰り返して言ってくれる**」「**話したことをどう解釈したか、まとめて話してくれる**」ということで、ホッと安心できるというわけ。

たとえば、オンナのコが悩みを打ち明けることがあるでしょ。

女性「ねえ、先輩のB子さんなんだけどさ、私だけ目の敵《かたき》にするのよね。『私が何をしたっていうのよ!』って、勇気があったら言ってやりたいわ。もう〜、会社行くの憂鬱《ゆううつ》だなあ」

こんなとき、

男性「君が気づいていないところで、先輩の機嫌を損ねているんじゃないの？」

なんて言っているオトコのコがよくいます。これが、「話を聴いてあげること」だと思っているでしょ。それは間違い。あるいは、

「まあまあ、そんな話よりも、どんどん飲もうよ！」

なんていうこともない？「元気づけている。励ましている」つもりかもしれないけれど、これも間違い。女性は「私の思いが届いていない！　この人は、理解できないのだ」と感じます。

原因探しなんかして欲しくない！

人は「相手に理解されていない」と感じると、

①「諦《あきら》める」→「二度と同じ話題を出さなくなる」か、

②「反発する」→「お互いが勝つためのコミュニケーションへとスライドしていく」

ということが起きます。

②で考えると、オンナのコが「先輩のB子さんが私だけ目の敵にするのよね」とい

う話をしたとき、あなたが「君が気づいていないところで、先輩の機嫌を損ねているんじゃないの？」などと言ったとします。すると彼女は「別に原因を探して欲しいわけじゃないわ！　私は、私の思いを分かって欲しかっただけなのに……」と、ムカつく！　のです。

あるいは、威勢のいいオンナのコなら、「見たようなこと言わないでよ！　事情も知らないくせに！」と、はっきり口に出す反応も予測がつくよね。

あなたの周囲のオンナのコたちは、だれも、「そうね。きっと気づかないところで私が悪かったんだわ」とは思いません。

だって、「君が気づいていないところで、先輩の機嫌を損ねているんじゃないの？」っていうのは、「犯人探し」。無意識に、「悪いのは君だ」って言っている。人間は、たとえ自分がどんなに間違っていても、それを指摘されるのは大嫌い。指摘されたら、反抗心がおこる。

ここで、「見たようなこと言わないでよ！　事情も知らないくせに！」と女性が反発し、男性も「何だよ。オレがきみの思い通りのことを言わないからといって、八つ当たりするなよ！」と応酬すれば、もうそのあとの会話は想像がつくってもん。
①諦める、にしても、②反発する、にしても、こんなことが続くと「この人と一緒にいても楽しくな〜い」とオンナのコが感じるのは間違いありません。
でも、**ちょっとしたスキルがあると、オンナのコが判断するあなたの「包容力」はプラスに向かいます！**
「ふ〜ん、B子さんて、君を目の敵にしているんだ」とか「会社に行くのがイヤになっちゃっているんだね」と、まずは「思いが心に届いているよ」というサインを出すということ。オンナのコはサインをもらえれば、仮にそのあとで、「何か嫌われるようなことをした心当たりはない？」と原因究明をされても、あるいは「そんなこと言わずに、明日もがんばれよ！」と根拠なく励まされても、そうイヤな感じをもたないんだなあ。

自分ならどんな受け答えがうれしい？

男性が女性に求めている「やさしさ」も似ていると思う。たとえばあなたも「今日、管理部の山田部長に叱られちゃってさ……。みんなの前でこっぴどく怒鳴《どな》られたよ」

なんて、彼女に愚痴《ぐち》ることあるでしょ。

　さて、コーチング的にはどんな受け答えがベストか考えてみよう。

①私が部長に話をつけてあげるわ！

②辛いよね。私も泣けてきちゃうよ。

③私が好きになった男なんだから、泣き言なんて言うな！

④みんなの前で怒鳴られちゃったんだね。

　①〜④すべてが、一面では「やさしい」心をもった女性ですよね。ただ、①のコはおせっかいで少し重い。お母さんじゃないんだから。

②のコは、一緒に泣いてもらってもあまりうれしくないかも。

③は、私的には好きなキャラのオンナのコかなあ〜。

でも、もう分かっていると思うけれど、コーチング的には④が正解です。

まあ、相手のオンナのコのキャラもあなたの好みもあるでしょうから、「絶対④のコがいいよ！」と言うつもりはないけど、①、②、③のどれを言うにしても、まず④

で受け入れてもらえることがあなたの「安心」につながると思う。

ちょいモテ男になる30秒ワーク

相手は誰でもいいです。ひたすら「聴く」ということをやってみましょう。
そのあと、「思いが心に届いているよ」というサインを出してみて。
そのときの相手の変化を感じてね。

また会いたくなる人ってどんな人？

私の主催するセミナーで、「会いたいと思う人と会いたくないと思う人はどんな人か」というテーマで話をしたときです。

「Q1　どんな人に会いたいと思いますか？」

という課題を出します。

あなたはどう？　友人でも、上司でも、同僚でも誰でもOK。「会いたい！」「会えると思うと気もちが軽くなる！」人がいるでしょ。その人を思い浮かべて。どんな人？　誰が浮かんだ？

「Q2　会いたくない人は？」

こっちも考えてみて。嫌いというわけではない、悪い人じゃないけれど会う前にはなぜか気が重い、という人いるよね。どういう人？

Q1の答として講座で出てきたものをまとめると、**元気な人、声の明るい人、一緒に笑える人、価値観の近い人、受け入れてくれる人**などです。

Q2の答。ネガティブな人、話をきかない人、うそをつく人、自分を利用する人などです。

両方の答を大きく括《くく》るとどういう違いでしょ？

「会いたい人」は「与えてくれる人」なのね。元気をもらえる人、共感をもらえる人、勇気をもらえる人、自分を人として大切にしてくれる人。こういう人には与えてもらっているのね。中でも「いい気分」というのが結構大きい要素。そんな人には「会いたい」と思うよね。

ものを買ってくれる人＝また会いたい人にはならない

では、逆に会いたくないと思わせる人。

「会いたくない人」は奪う人。たとえば、笑わない人だと緊張したり、警戒するよね。つまり、**余計な「気」を使うということであなたの精神のエネルギーをもって行っちゃう**わけ。

私の知ってるある医者は、ずっとしゃべってるの。一方的に。「また、たくさん教えちゃったよ」って最後に言うの。その医者は、私の時間を奪っている。それから、「私の辛さは分かってもらえない」という落胆があるから、精神的に落ち込む。相槌を打って聴かなければならないから、これもだるい作業です。

会う前に気が重くなる人は、「エネルギーが下がってしまう人」なの。

余談ですが、私のセミナーで「どんな人に会いたいと思いますか?」ときいたときに、今まで「欲しいものを何でも買ってくれる人」と答えた人はいません!

そんな人は都合がいいけれど、「会いたい」とは思わない。「買ってもらえる品物」には会いたいけれど、その人そのものに会いたいのではないのかもね。

ものさえ買ってもらえれば、そのあとは時間を分け合いたいと願わないってこと。

心に何かを与えてくれる人は、物質を何にもくれなくても、会いたいし、大好きになるな。

では、どうすれば「会いたい」と思ってもらえるだろう？　つまり、どうすればモテるか？

まず、**「聴いてくれること」を全員が挙げています。一緒に笑ってくれることも大切。**

自分の変化を見て、声をかけてくれる人もいいよね。「そのブラウス似合うね」とか「今日、生き生きしているね」とか。「一緒にいると楽しいなあ～」って言ってくれたらすごく与えられた感じがする。

心が温かくなるね。リラックスできるし、エネルギーをもらえるんだろうね。

「会いたい人」は「与えてくれる人」。

何を与えられるか、考えるだけで関係は変わってくるよ。

ちょいモテ男になる30秒ワーク

あなたが会う人に何かを与えてみて。ものではなく、精神のエネルギーでね。

条件の悪いオトコのコのほうがモテることもある

ちょっと昔の話。

一緒に働いていた二九歳の女性、由美子（仮名）が、結婚を決めたときのこと。

彼女には、二二歳のときからつき合っている男性、富士夫（仮名）がいたの。

いつも「別れたいけれど、なかなか別れられないのぉ」と言っていました。まあ、別れたいと思っていたのは事実で、彼女は、ある「パートナーを探す相談所」の会員に登録しました。月々、二万円ほど会費を支払うと、希望するタイプの男性との出会いの場を設定してくれるらしかった。

さて、何人目かの出会いで、彼女は理想にぴったりの人、Oさんとめぐり合いまし

た。海外勤務の可能性のある商社勤めのサラリーマンなので、彼女の英語能力を生かせることにまずグッときた。

そして、服装のセンスがよくて、おしゃれな彼女と釣り合いが取れることも大きな要因だった。

もっとも「おあつらえ向き」だったことは、Oさんが次男で、ゆくゆくは彼女の両親と一緒に住んでくれそうなこと。これ以上はないというほど申し分のない相手!!

富士夫はというと、ちょっとした資産家だけれど、実家の酒屋を継がなくちゃならなくて、一〇年先には母親と同居です。

さて、二ヵ月ほど経って、由美子がやっとめぐり合えたOさんとのつき合いがいよいよ盛り上がってきたぐらいのころのこと。「結婚、決めたわ!」と早々と宣言。まあ、「そんなに焦《あせ》んなくても」と思ったけれど、心から祝福した私です。

Oさんは、ソフィスティケートされているし、友人である私にも親切にしてくれるし。ホント、由美子に似合っていると思っていたの。

周囲に自慢できる男より、一緒にいて心地いい男

でもね、由美子と話していると、話がどうもちぐはぐ。確認すると、なんとなんと、決めた結婚相手は別れたがっていたはずの富士夫だったの！

いぶかる私に、由美子はこう言いました。「Oさんは、すごく条件がいいし、能力も高いと思うよ。今まで出会った男の中で、最高だよね。これ以上いい男とはこれからも絶対出会えない！　でもね、富士夫と一緒にいると『**私って、世界中で一番いい女かもしれない！**』**って思えるんだ。**これって富士夫だけなの！」。私は、大きくため息を漏《も》らしましたよ。

分かったような分からないような話ですが、つまり富士夫は由美子の魅力を知っていて、由美子の話をよく聴いてやって、由美子の思いや性格やそんなものをいつも受け入れてくれていたということなの。

由美子は、周囲に自慢できる男よりも、一緒にいて心地いい男を選んだのね。

でも、そのとき最後に「Oさんと富士夫のいいところをどっちももっている男がいたら、迷わずその人にした」とも言っていました。

勝手な話です。「この期《ご》に及んで」という感じですよね。

女性は欲張りなのです。

オンナのコは、①条件がそろっていて、②自分自身を魅力的に感じさせてくれる相手を求めています。覚えておきましょう。①の要件を満たしていない人は、富士夫のように②だけでも満たせば、イイ女をゲットすることも可能なのです。

②ができずに、①だけもっていてもOさんのように振られることもあるのよね。

あなたがもし①なら、あとは、②を身につければいいだけです。どうですか？

ちょいモテ男になる30秒ワーク

②をオンナのコに感じさせる方法を考えて。

いまどき、「君を守るよ」って⁉

「オンナのコが求めているオトコのコ」と「オトコのコが求められていると思っているオトコのコ像」にはギャップがあります。

オンナのコはみんな、たくましくて、頼りがいがあって、「いつも君を守るよ」なんて言って、グイグイ引っぱって行ってくれるようなタイプが好きかというと、そうではないんだな。おあいにく様です。

オンナのコはもっと現実的。「いつも守ってあげるよ」と言ってもらうより、人としての成長を支援してくれたほうが嬉しいのです。だって現実に、いくら好きでも、四六時中一緒にいるわけではないんだから、本当に守れるはずなんてないでしょ。

もしかして、「一生守るよ」なんて、言っちゃってる？ それは、よく考えると、できもしないことを約束して、ヒーローを気取っているだけの大嘘つきですよね。地に足のついた女性なら、そんな眉唾《まゆつば》、とっくに気づいてます。考えてもみてください。体力、体格、経済力、能力どれをとっても男性に劣らない女性が大勢活躍している今の時代、「ひ弱な女性」「守る男」という構図は、明らかに少なくなっています。

その現実を見ずに、しかも、できもしないのに**「君を必ず守るよ」などと断言しているる男性には知性を感じません。**そう言ったり、言われたりすることで喜びがあるとしたら、そんな自分に酔っているだけ。

男性が「自己犠牲」を標榜《ひょうぼう》するより、「一緒によくなろう」と考えてくれるほうが、女性にとってずっと受け入れやすいと思います。

つまり、「一緒に成長しよう」「二人ともまだ若いし不完全だから、ケンカもするけど話し合って乗り越えていこう」「お互いに得意不得意があるから、協力しようよ」というメッセージをもっている男性のほうが、オンナのコだって肩に力が入らずに自分らしさを出せるというもの。

あなたの時間や空間の中にオンナのコがパートナーとして入ってくることを想像してみて。「一緒によくなろうよ」のほうがずっと現実に即しているでしょ。

そもそも、どちらかが自分を犠牲にしていい関係が長続きするとは思えません。今、経済面だけを考えても、若いカップルが男性だけの収入で生活するのは厳しいでしょう。共働きは珍しくないし。そんなとき、「家族はオレが養ってやる」「デートの資金は全部オトコが負担するものだ」なんていうせりふをやせ我慢や勢いで言ってみても、その約束が長く続くはずがないもの。

オンナのコが求めている「強さ」「やさしさ」とは!?

オトコのコが、「一生守るよ」なんて言った場合、ちょっと現実的で、地に足のついたオンナのコは、「長く続きそうもないことを言っている」ということにすぐに気づくから、「自分を大切にしてくれている」というよりも「自分とは長期的に愛を育《はぐく》む気がないのだ」と感じる可能性もあります。あるいは、「封建主義のガンコモノね」かな。意外と若いオトコのコにステレオタイプのコが多いのよね。

仮に男性の収入だけで生活を営んでいけるとしても、「協力し合いながら、一緒に進もうよ」というほうがずっとポジティブでしょ。「未来に向かって生きていく」人間らしさが感じられるのね。

つまり「オトコは、強く、やさしく」という定説の「強く」「やさしく」は今も変わっていませんが、その中身は変化しているってこと。「彼は自分自身のことを欠点も含めてしっかり見ている。そしてそれを受け入れている。だからこそ等身大の自分で女性と向き合おうとする強さがある」という意味での「強さ」が欲しいんだな。「やさしさ」は女性にわがままを許し、機嫌よくしてもらうために「お上手を言う」ことではありません。「相手の成長を支援するために何ができるか」と考えるのが「やさしさ」です。「一個の人間として認め、向き合ってくれる人」を本当に成熟した女性なら求めるはず。

　まあ、スポットでつき合いたい相手になら、男性も手練手管《てれんてくだ》を発揮できるでしょう。目の前のご馳走のためになら「一生守るよ！」とも言うでしょう。そんなときオトコのコは何とでも言えますよね。でも、あなたのその言葉で、相手の女性が喜んでいたら、彼女はあなたより役者が上!!　彼女も長期的なパートナーとしてあなたを見ていないかもしれませんよ。

ちょいモテ男になる30秒ワーク

あなたがつい「ステレオタイプ」になってしまうことを考えてみて。「オンナのコは料理が上手でなければ価値がない」とか……。意外にあるでしょ。

アタマがいいだけではモテない！

「オンナのコはアタマのいいオトコのコが好き」というのは、オトコのコの「ある種の思い込み」です。アタマのいいオトコのコは確かに魅力的だけど、その「よさ」をどこで発揮するかで雲泥《うんでい》の差が出る。

そもそもオトコのコでもオンナのコでも、心の根底では**「自分がどんなに魅力的かを好きな相手に示し、好感をもってもらいたい」と考えています。**そのための行動が①自慢話をする、②話を聴いてあげる、③ものを買ってあげる、など人によって違うだけ。表現の差こそあるけれど、心の根底での思惑は「自分がいかに魅力的か」を相手に伝えたいのです。それほど変わりません。無意識でも「私（オレ）ってこんなに

素敵でこんなに有能でこんなに魅力的でしょ！」ってね。でも、その通りやっちゃうと逆の効果をもたらします。

今、「違うよ！」と言っているあなた、じゃあ、日ごろの会話をちょっと意識してみて。どんな話をしていても「自慢」が根底にある。人の会話の九〇％は自慢話と言われています。

受け入れてくれる人＝アタマがいい人！

私も意識してみました。「今話そうとしていることの、その先に私は何を求めているのかなあ～」と自問自答してみたの。結構「自己満足だけじゃん」ということ、よくあるなあ～。反省。

先日も、「○○先生のコーチングの本は、ぜんぜん売れてないんだって」と何気なくスタッフに言いました。でも、正直言って根底には「私の本は売れてるもんね～」という気もちがあった。朝会ったとなりの会社の人に「ゴールデンウイークは毎日仕事でさ～、事務所に出てたのお」って言ったのも「私は働き者！」と言いたかったんだろうなあ。まだコーチとしては未熟じゃな。

さて、コーチングでは、当然「②話を聴いてあげる」がお勧めのスキルです。

「話を聴いてくれる人」に人は信頼を寄せます。さらに自分の話を聴いてもらうと、相手は「この人は受け入れてくれる人だ」「理解力のある人だ」「人間関係の調整能力のある人だ」「精神的にタフな人だ」……。つまり「アタマのいい男だ!」と感じるワケです。ここで言う「アタマの良さ」は「心を含めたアタマ」なので、オンナのコの心理に与える影響は大です。

「ちょっと酔ってきたとき」が自慢どき

「自分はこんなに魅力的である」とアピールするときの行動について一つずつ見ていくね。
①の「自慢話をする」。オンナのコは露骨な自慢話をされると、「この人、勉強はできるのかもしれないけど、評価って、周りが決めるものでしょ。自分でひけらかすのは、実はアタマ悪いからじゃない?」という印象をもちます。分かりますか? 自慢

は、「だからどうなの？」と相手をしらけさせる可能性大。満足するのは本人だけだから、「ひとりよがりな男」「こどもねえ」と感じさせます。

自分を主軸において自己アピールしまくるか、ちょっと控えめにして相手を満足させるか、ここは考えどころ。これは、言葉で言うほど簡単ではありません。なぜって、人はいつも「自慢話をしたい」と思ってコミュニケーションしているものだから。あなたの心にもその欲望が横たわっています。

ビジネスで、取引先を前にした場合なんかはセーブできているんだけれど、「ちょっと酔ってきたとき」が一番危ない。私自身の自戒を含めて、気をつけましょう。

「自慢話を自慢話に聞こえないようにさりげなく自慢する」という難しいテクニックを使いこなせないなら、ここは「聴く」ことに集中してみて欲しいな。

ちなみに③の「ものを買ってあげる」はどうかな。それは、そのときどんな心が横たわっているかによるでしょうね。もし、「買える力がある」というアピールのためなら、自慢話と一緒。「彼女にハートを伝える手段としてプレゼントを使う」なら、「思いを伝えるメッセージ」としての役割を果たすでしょう。「魚を釣るための餌」だとしたら、どうかな。それを知っていて受け取るオンナのコは、所詮《しょせん》そこまでの相手。「釣ったつもりが釣られないように」気をつけたほうがいいね。あなたが苦しいときに離れていくコかもしれないよ。

ちょいモテ男になる30秒ワーク

「自分が情報を発信しようとしているとき」そのコミュニケーションは何を目的に行なおうとしているか、意識してみて。

あなたが女性に求めるものは何？

私は、「出会い型コーチングセミナー」というセミナーを行なってます。コーチングをビジネスだけではなく、オフビジネスでも使おうという提案をすることがこのセミナーの目的。管理職や中年男性ばかりではなく、これから結婚し、子供の親となり、家庭を築いていく「若い層」にもコーチングを理解して欲しいと願ってます。

このセミナーのねらいのひとつは、もちろん「コーチングスキルを習得してもらうこと」。第二には、「初めて出会った人とでもコミュニケーションを楽しめることを知ってもらうこと」があります。そして第三には、「自分自身の内面を理解してもらうこと」。この第三の目的である「私は何者か」ということなんだけど、あなたはどうですか？

自分を知ってる?

ちょっと唐突だけれど、「自分探しの旅」を人はいつ始めるのでしょう? 私の周囲を見てみると、その旅に出発する時期ってさまざまなのね。とても早い人は小学生のころにこの旅に出ます。「私は、なぜ生まれてきたの?」「私は何に向かって生きるべき?」と考える旅。

対照的に、私と同年齢なんだけど、「そこ」と向き合わずにずっと生きてきて、多分これからも自分探しを始めないだろうと想像させる人もいる。

「旅」に出ているけれど、旅に出たことだけで満足している人もいる。

どれが幸せか私には分からない。

「出会い型コーチングセミナー」の話にもどりますが、**「自分を探す旅」に出ている人は、同世代には魅力的な人に映ります。**

だってその旅の行程では自分とたくさん会話して、成熟するから。そして、自分と向き合いながら、自分を欠点も長所も含めて受け入れるという取り組みをしているから。だから恋愛関係でも右往左往しない人という印象を受けるな。

また、自分とたくさん会話した結果、「他人を評価したり、他人の欠点に焦点を当てたりすることが、あまり自分の未来とか生き方には関係がない」と考えられるようになってくる。

自分自身を探すことに一生懸命な人は、他人の言動に焦点を当て、おせっかいをし、評価をしている暇なんてないから。

本当の自分を知ろう

自分探しの旅では、自分にクエスチョンを投げかけ、その答を探して歩き続けるのね。たとえば、「私は人生で何を得たいと思っているのか？」「何をして進むことが自分自身にとって一番幸せな時間か？」など。

自分自身を知るということは、言葉で言うほど簡単ではない。苦しいし、混乱もするし、恥ずかしくなるかもしれない。

それは、恋愛も一緒かなって思う。自分が恋愛に何を求めているのかを知っている人は恋愛で振り回され、疲れ果てて終わって、また同じような恋愛を繰り返す、など

ということが少ないような気がします。

「自分は恋愛に何を求めているのか」「自分らしい生き方をするために、パートナーに求めることは何か？」考えてみて欲しい。その結論が出なくても、近づいてみて欲しい。

私たちは、恋愛で「理想に振り回されるあまり、自分の本質とマッチしない恋に突入してしまう」なんてことがある。オンナのコがよく言う「父のように一家を守れる頼りがいのある人」とか「無口で収入一〇〇〇万円以上の人」とかっていう感じ。

若いオトコのコがはじめからそんな「男の完成品」であるはずがないって！

自分に都合のいいコばかり探してない？

一方で、「自分が求めるスタイルに応じてくれる相手」を安易に選んでしまうこともある。たとえば「主導権を握れる年下のコ」などと言ってるパターン。そんなときには、相手そのものを見ていないのよね。「心地よさ」ばかりに焦点が当たってる。

仮に、互いの価値観の相違からケンカになったとしましょう。

そのとき外にある問題点だけを見て、自分の正当化に時間を費やしてしまうことがある。

たとえば、「なぜ、彼女はこうなんだろう」とか、「なぜ、私はいつも失敗するのだろう」と、相手や自分の過去に主体を置いてしまうと、結果、二人にとって有益な未来のプランは見えません。

ここで自分の恋愛の本質、つまり「本当の自分」に向き合えば、「解決策」に向かえるんです。「自分は彼女との時間をどんな時間にしたいのだろう」「そのためには何ができるのだろう」と考えることで、相手と深くかかわりあうことができるし、自分の行動で関係をクリエイティブにしていくことができるんだ。

私のセミナーで、好感をもった女性に何度かアプローチして、そのたびに失敗しているオトコのコがいるの。彼の失敗の原因は、自分の卑近な願望のために女性にアプローチしていること。彼はぜんぜん気づいていないけど、彼が振られるのは、「女性とどうつき合っていきたいのか」「理想的なパートナーとの関係づくりのために自分が変化できるとしたら何か」などと考えることから出発していない。結果、「自らを変化させよう」という「思慮」や「深さ」をオンナのコに感じさせないのです。

ちょいモテ男になる30秒ワーク

今恋愛している人は「恋愛に何を求めているか」を考えること。恋人募集中の人は「パートナーに何を求めるか」そんなことを考えてみて。

Lesson
2

明日は合コン!
という人のための
必勝術

まずは「魅力的な自分」をつくろう!

さて、これからは「合コン前」にあなたを輝くモテ男にするためにどうするか、という話をしたいと思います。

私の会社(株)フレックスコミュニケーションで行なっているセミナーでは、

Q1　あなたが魅力的でないとしたら、どこ?　いくつか挙げてみて!

Q2　次にあなたが魅力的だとしたら、それはどこ?　声に出して答えてみて!

というワークを、二人一組になってやってもらっています。

講師である私はそれを傍《はた》から見ているわけですが、いつもびっくり。この二つのワークをやっている人の様子が、驚くほど違う。

Q1で、魅力的でない部分を挙げているときは、まずは背中を丸めている人が多いことにすぐ気がつきます。呼吸が浅く、目を伏せたり視線を泳がせたりしながら、ボソボソと喋《しゃべ》る、という感じです。

一方で、魅力的な部分を挙げているときは、みんな呼吸にゆとりがあって、胸を張って、張りのある声で喋っているのがわかります。目の輝きもまったく違う!

魅力的ではない自分の話をしているとき、すでにその人の様子が魅力的でないってこと。男女問わず、魅力的な人は「自分の魅力」を知っている人なのね。

あなたもぜひ、近くにいる友人に同じ質問で試してみてください。同じ人とは思えないほど、まったく様子が違うのがわかります。もちろん、「自分の魅力」を語っているときのほうが、数倍魅力的!!

だから、合コンとか、接待とかに出陣する前には、自分の魅力・強みを具体的に挙げてみましょう。そして鏡に映った自分を、声に出して認めてみましょう。

どう？　できそう？

鏡に向かって「今日の服は似合ってるぞ！　オレは明晰《めいせき》な頭脳が自慢だ。給料も年齢の割にはたくさんもらっている。いいなあ、この人なつこいスマイル！　よしっ。いくぞ！」なんて、言ってみて。

自信のない部分も含めて自分が好きだ！

それができたら、さらにもう一歩進めて「自信のない部分も含めて自分が好きだ!!」と確信してから出かけましょう。えっ、自信のないところは、嫌いだって？

考えを変えようよ。だって、自信のないところなんて誰にだってあるじゃない。そこから目を背《そむ》けている人より、そこも含めて自分を全部受け入れている人のほうが、さわやかで屈託がない人という印象を与えるのです。

「自分の持ち味は自分だけにもたらされた意味のある性格」なんです。当然ながら、そんなふうに**自分を受け入れている人は他人も受け入れられる**はずだしね。

いいですか。ここで、他人と比べなくていいのですよ。それから、他人が認めているかどうかも問題ではないのです。自尊心が高いということは、うぬぼれるということとはちょっと違う。うぬぼれは欠点を見ずに自分を過大評価することです。大切なのは、自分のあるがままを「いとおしい」と思えるかどうか。自分に素直でいられることが、強みになっていくわけ。そうすれば、相手に与える印象も全然変わってくる。

あと、自分の容姿上の欠点にだけフォーカスし、不満をもつこともよくない。そんな人は他人を見るときも、きっと欠点から見てしまうでしょう。そして、「オレのほうが勝ってる!」と思って安心したり、「いい男にはかなわねえや」と諦めたり……。これじゃあ、生き方があまりにも後ろ向き!

モテる男は他人との比較ではない自分の魅力を知っている人なのです。

ちょいモテ男になる30秒ワーク

自分の強みをいくつでも挙げて、たくさん書いてみよう!
すぐにやってみて!　目標一〇〇個!

合コンは第一印象でキマる

合コンに限らないけど、人の出会いは最初が肝心です。

出会いのとき、私たちは、いつでも何らかの枠を通して相手を見ています。もちろんあたることもある。でもすべてがあたるわけではない。だから、よくよくつき合ってみると「第一印象とは変わる人」もいるけど、それには時間が必要。

会ってしばらくの間は、「視覚・聴覚情報」を手がかりに、「こういう人だ」と私たちは相手を形づくっていきます。だから、最初ってすごく肝心。

私たちは、「出会った相手がどういう感情でいるか」を何から判断していると思う？

半分以上視覚からの情報。声などの耳からの情報を入れると、実に九〇％以上を占め

ている。つまり「相手の感情」を判断する材料は、言葉よりも、耳目《じもく》からの情報だということ。

相手が知り合いであれば、仏頂面《ぶっちょうづら》でも「今日の気分は曇り空」とか「今日はご機嫌斜めね」という判断もできるけど、これが出会った瞬間だと「その人の人柄」として認識されちゃうから、**表情や声の明るさは侮《あなど》れない**ということなんだ。

顔のつくりはどうにもならない。笑顔で親近感をアピールだ！

細かく見ていきましょ。

まず見た目ですが、顔のつくりよりもどういう表情で接するかのほうが重要。

表情や話し方で相手を安心させることをコーチングでは、「ペーシング」と言います。

笑わないことは、もっとも相手を警戒させるから、まあ、「苦《にが》みばしった男」は、コーチング的には「もっと笑えよ！」ということになります。ただ、女性の「見た目の好み」は千差万別だからね、一概《いちがい》には言えません。だって、笑わなくても、やっぱりモテる男はいるもんな。

でもまあ、自分はイケメンだという自信がない限り、笑ったほうがいいですよ。

合コン、あるいはお見合いのときに親近感をもってもらうためには、笑顔と同時に視線も大切です。視線がうつろだったり、伏目がちだったりすると、相手はあなたを「不実な人」と感じます。ず〜っと見つめなくてもいいから、出会いの瞬間、挨拶の前後はちゃんとオンナのコの目を見て欲しい。

中身は大事だけれど、「外見」も侮れない。だって、いい商品でも、いいコマーシャルしなきゃ売れないでしょ。**「笑顔」と「視線」は、あなたという商品のよさを即効でコマーシャルしてくれるもの**ということね。

とりあえず「今日はきてくれてありがとう」

次は聴覚情報の整え方と、何を言うか。

出会いの「聴覚情報」。まず声が「ボソボソ・モゴモゴ」はオンナのコにうけません。それから第一声で何を言うかが大きい。これは言葉的情報。

合コンを例にとると、スタートで女性に話しかけるきっかけが掴めない、でも黙っているわけにもいかず、仲間うちでついしゃべってしまう。結果、女性は「シラ〜ッ」ということはない？ 出会いを求めて合コンするんだから、ここで照れるのは厳重禁止！ 照れるオトコのコは、「幼稚ねえ〜」と判断されてしまいますよ。

「ここでの親近感が成否を決める！」と思ってください。オンナのコに率直に向き合いましょう！

では、何と言うか。まず素直に感謝を述べてみよう。

たとえば**「今日はありがとう」「会えて嬉しい」「来てもらって光栄だ」**なんて、言ってみてください。このくらいの言葉に抵抗感がある人は、合コンに行ってはいけません！ 事前の自主トレが必要ね。

ちょいモテ男になる30秒ワーク

合コンに挑む前にはとびきりの笑顔を鏡で確認。人前でもその笑顔を実践して！

「思い」を伝えると、二人の空気が温まる

合コンなどでは、まずは出会った瞬間の親近感が成否を決めます。それができたら、次に、あなたの「思い」をディスクローズ（開示）しましょ。これは中級レベルかな。思いのディスクローズは、なかなか勇気のいることだからね。

でも、「思い」を伝えることで二人の間の空気が温まります。だから、相手は「リラックス」に近づくのです。「楽しい」という気分になるには、「リラックス」していることが第一条件。

伝える「思い」としてふさわしいのは、**「楽しくなりそうだね」「仲良くなれそうだなあ」「盛り上がりそう」**などと、その日の会の期待を端的に述べることです。

そして、もしあなたに余裕があれば「小さな要望」を伝えてみて。「過大な目的」を男性が抱いていると感じると、オンナのコは「安心」できない。小さな要望でリラックスさせるには、**「最後まで楽しんでね」「ここの料理はおいしいからたくさん食べてね」「今日は時間の許す限りいてね」**などかな。

さて、人は何度か会って人柄が分かってくると、出会いの印象から少しずれていきます。安心感があると、自分自身の中に「心のスペース」ができるので、相手の別の要素を味わうゆとりが出てくるからなのね。

最初に自分がもっていた枠組みと相手の事実が少し違ったりするのを見るのは、楽しいよね。相手もあなたをそんなふうに見ています。心のスペースをまずつくる工夫をするのが「成熟したオトナ」という気がするな。

ちょいモテ男になる30秒ワーク

合コンで、オンナのコの「リラックス」のために自分ができることを実行してみて。

「面白い人」のままでいく？

では、「合コン」であなたが失敗しないための話。

ずばり言うと、「面白いだけの人」でいると失敗します！

小学校や中学校で人気者になるのは、「優秀なオトコのコ」ではなく、「面白いコ」だそうな。そこから脱皮できずに**「合コンや宴会でも、ただしゃべっているだけの面白い人」のままのオトコのコがいる**よね。

面白おかしくしゃべるコは、確かに合コンでは必須アイテム。場が盛り上がるし、みんなが楽しめるしね。

でも実は、しゃべっているコはコミュニケーションの意識が「発信」にしか向いて

いません。発信にしか向かないというのは、「自分という軸」を中心に考えているということ。それも、「何かを知っている」ということを重要に考えているオトコのコ、実に多い。つまり、情報力を強みとしているのよね。

「『恋のマイアヒ』を、歌詞カードを見ずに唄って踊れる」とか、「仲間の誰かをサカナにして、上手に揶揄《やゆ》する」とか。

もっとベタな情報力アピールでは、「今週の日経ビジネスに載っていましたが……」とか「このストラップ、希少価値があるんだよ」なんていうオトコのコもいるよね。

こういう男の子は、「パスタがおいしい店を知っている」「最近の人気グッズを知っている」「新聞ネタを知っている」など、知っていることに執着してる。そういうコが「何を話すか」を検証してみると、「情報をもっていること」の自慢に基づいていることが多いのね。

確かに**情報は役に立つけれど、女の子にとっては便利なだけ**。それを「魅力」と感じることは、実は少ないんだな。それに、面白いことをずっとしゃべり続けるのも限界がある。面白キャラができちゃうと「相手の期待にこたえよう」って思っちゃうし。

そんな情報よりも、オンナのコはあなたの「思い」や「感情」を知りたいと思っています。

「三つ星レストランのシェフだよ」よりも心を掴む言葉がある

では、どんなふうに「情報発信」ではなく、「思い」を伝えるかを話します。

たとえば、合コンのためにセッティングしたレストランが、あなたのとっておきのお店だったとする。あなたは、まずなんて話す?

「この店、フランスの三つ星レストランで働いていた、ピエールというシェフがいるんだよ」と薀蓄《うんちく》をたれますか?

それではNG! オンナのコは、そんなふうに自慢されるのはあまり好きではありません。そういうことに価値を見いだすコももちろんいるけどね。

オトコのコを「食事代のお財布」ぐらいに思っているオンナのコではなく、人としてまじめにかかわりたいと思っているコなら、あなたの「思い」や「感情」といった、「あなたのあなたたる部分」に触れたいと思っているはず。

そこで、合コンのときにどうやって「思い」を伝えるか。これは簡単です。

「合コンは第一印象でキマる」でも話しましたが、**「今日をすごく楽しみにしていました」とか「週末が待ち遠しかったです」とか、まず伝えてください。**ただ、オトコのコは、「思い」を伝えることに抵抗感をもっているんだよね。照れるし、「男は感情を出しちゃいけない」なんて思い込みがあるから、たったこれだけのコメントでも勇気がいるかもね。

ちょっと余談ですが、「感情を伝える」ということと「感情的になる」ということとは違うので誤解しないように。そもそも「自分の思い」は、感情的になって「怒り」や「激情」に振り回されていると自分自身もキャッチしにくくなります。

そんな経験あるでしょ。キャッチできないときは、「むっとした感情」を表情で表現したり、いきなり怒りをぶちまけたり、逆に、言えずに我慢してガスがたまったりしてしまいます。ですから、「感情を伝える」というのは、すぐに熱くなるとか、すぐに怒るとかいう話ではありません。

他に感情表現の例を挙げると、「君がいなくて寂しかった」「君が遅れてきたから不安になった」「会えないと悲しい」とか。こんな自分の気もちを伝えられるオトコのコはなかなかいません。なぜって、女々《めめ》しくて恥ずかしいことだと思い込んでいるから。でも、恥ずかしいことでもなんでもないのよね。まあ、そこを話すことはできないのが、「オトコのコ」なのかもしれないけど……。

たとえ話さなくとも、少なくとも自分の感情と向き合おうとする人は、相手の感情にも理解を示すでしょう。日々、そんなことを内面で行なっている人は、相手の内面も大切にできる。相手の「思い」や「感情」を受け取ろう、向き合おう、と意識でき、そこから言動を選べます。

オンナのコは、自分が何かを話したときに「どう思ったの？」と感情に焦点を当ててくれるとうれしいし、オトコのコから話を聴くときも「今日やったぜ！」と言われるよりも「達成できて、早く君に知らせたかった！」と言われるほうが、あなたをずっと魅力的だと感じます。

「面白いコ」はどこかで返上しないと、いつまでもこどもっぽい情報発信マンのままだよ。

ちょいモテ男になる30秒ワーク

合コンのときにオンナのコに、「思い」を伝えてみて。ちょっと照れるかも知れないけど、がんばって！　成功を祈る。

二人の会話が盛り上がるコツ「あなたは？」

たとえば、合コン、お見合いといった出会いの場を目前に控えたとき、何を考えていますか？　事前に「質問」を考える派？　「自分が何を話すか」を考える派？　つまり、「今日は何を話題にしようかな。彼女が質問に乗ってくれなくて、盛り上がらなかったら困るなあ」と、質問を考えるか、「今日は何を話そうかなあ。こんな話したら笑ってくれるかなあ。三つくらいネタを考えていこう！」とシャベリのネタを考えるか。どちらでもいいです。

双方が十分話して、きければ会話は大体循環しながら回っていきます。困ってしまうのは、話が途《と》切《ぎ》れたとき。シラ〜ッ、とした空気が流れると焦っちゃう人多いよね。

これは、「事前に質問を考える派」も、「事前に自分が話すネタを考える派」のどっちにも起こりうること。

そんなあなたは**話し下手なのではなく、実は聴き下手なのです。**

たとえば、こんなケースありませんか？

「趣味は、何ですか？」と、相手からの質問。

「釣りです」正直に答えたあなた。

「……」次の言葉が出てこない相手。

彼女は釣りのことが分からないらしく、話が弾まなかったのです。「しまった……」

ここであなただったらどうしますか？

①「釣り以外では、スポーツ観戦とかも好きです。それから……」などと、相手と接点のありそうな話題をあわてて探る。

②「釣りは、学生時代から始めたのですが、楽しいですよ。自然と触れられますからね。今度一緒に行きましょうよ！　魚もうまいし、先日は千葉の木更津《きさらづ》で……」と、あくまで「釣り」のまま熱く語る。

よく考えてみて。①も②も、一方通行。一方通行では会話は楽しくなりません。じゃあ、どうやって循環させていくか？ それは簡単な事です。

「趣味は、何ですか？」

「釣りです。**あなたは？**」

「あなたは？」ときけばいいだけなのです。そうすることで、会話は循環していき、片道が往復になります。つまり、倍になるということ。二人の間の温度もいっそう高くなります。

そもそも質問したことは、質問されたいことである場合が多いのです。

「趣味は何ですか？」

「釣りです。あなたは？」

「私は、オペラを観ることが好きです。ご覧になったことありますか?」

「去年、劇団四季の『オペラ座の怪人』を観ましたよ……」

「ふふ……。あれは、ミュージカルです」

「なんだ。オペラとミュージカルって違うのか」

「違うんです。ふふ……」

「どう違うんですか?」

ほらね、循環してるでしょ。

ちょいモテ男になる30秒ワーク

意識を発信ばかりに向けずに「あなたは?」ときいてみよう。

シャイなヤツほど嫌われる

さて、次は「I《アイ》メッセージ」というスキルの話です。

シャイなオトコのコが多いと感じます。……というより、「シャイな男」と見せておきたがるオトコのコ、と言ったほうがいいかもしれないな。

あなたもそうですか？　じゃあ、そのメリットは何？　考えてみて。

「自分の内面をさらけ出さなくていい」、つまりリスクが少ない。「純真で少年ぽく見える」とか？　あなたがもしそうなら、「そのほうが相手に好感を与える」と思っているのね。本当にそうかな？　たとえば、女性と合コンで隣り合わせて、話しかけられたとする。

「お仕事忙しいんですか？」

「あっ、えっ、……まあまあです（汗）」

「休日はどんなふうに過ごしていらっしゃるんですか？」

「別に……、これといって……」

こんな会話をしていません？ こんな受け答えでかっこいいのは、トレンディドラマの中の「イケメン俳優」だけ!! シャイを装っているあなたの中の自己演出イメージはイケメン俳優かもしれませんが、客観的には、まっっったく違うものに映っています。間違いない!!

そもそも「いいんじゃない」「まあまあかな」「別に」という言葉を多用すると、オンナのコはごまかされているような気がするもの。自分の心を開示していないオトコのコに対しては、不実な印象をもちます。

「そんなこと言ったって、自分の中が不明確で、言葉にしにくいときには、嘘を言って誤解を与えるよりいいだろう」という言い分があるかもしれない。

まあ、少し譲って、そうだとしましょう。であればなおのこと、いつも自分の中を不明確なままにしておくこと自体、好ましいことではないのです！　自分とのコミュニケーションがうまくいっていなくて、オンナのコに魅力的に映るはずがない。**内省する、自分と向き合う、という習慣のない人には知性を感じません。**

また、そういう人は、往々にして自分自身の内面で「不明確だけれど、不快な気分」「もやもや」などが溜《た》まっていくから、たまに爆発したり、冷静さを失ったり、過度に反応するなどのことが起こってしまいます。そういう人、あなたの周囲にもいるでしょ？

いろいろ気を使ってやらなくちゃならない世話の焼ける友人です。そんな人に、オンナのコがひかれるわけがない！

しどろもどろでも「別に」「まあまあ」よりはずっと好感度高し

じゃあ、こっちの会話はどうですか？

「お仕事忙しいんですか？」

「う～ん。お客さま次第の仕事なので、急に忙しくなることがあるんですよ。……あっ、でも今週は暇だったな。来週は忙しいかも……。これじゃあ、返事になってないッス

よね。すみません。アハハ……」

「大変なんだあ」

「まだ仕事に慣れていなくて。でも、今の仕事メチャクチャ好きだから、やりがいあるんッスよ」

自分自身と向き合っている姿は、いやな感じを与えないと思いませんか？

こんなふうに訥弁《とつべん》でも、**一生懸命話してくれる人のほうが、「まあまあ」「別に」と言う人よりずっと好感がもてる**ってもんです。

つき合いが進んでいってからの会話だってそうです。

「今日、疲れているみたいね」

「別に……」

「新しいプロジェクトは、うまくいってる？」

「まあまあ」

こんな会話はオンナのコにとって不快そのもの。

「今日、疲れているみたいね」

「うん。実は疲れているんだ。でも、君との時間は負担じゃないよ」

「新しいプロジェクトは、うまくいってる？」

「実は、そのことで頭がいっぱいなんだ。だから、今はあえて話題にしたくないんだけれど……」


と自分の内面を率直に言ってくれたほうがいいのです。


これは、コーチングにおける「Iメッセージを伝える」というスキル。Iメッセージとは、いったん自分の感情と向き合い、自分が「どう思っているか」を率直に、そして相手も受け入れやすい言葉で伝えるスキルです。

Iメッセージは、自分の内面と会話しなくては、なかなか発信できません。「面倒だな」とか「自分自身もそこを見たくない」と思っていると、大切な人に対しても率直にはなれないということ。

女性に対して魅力的な自分をつくりたいなら、まず上手に自分自身と会話してください。自分の心の中で何が起こっているか、観察してみましょう。シャイを気取っているうちは、まだまだ！

ちょいモテ男になる30秒ワーク

あなた自身の「Iメッセージ」に気づくこと。自分が今何をどう感じているのか、自分と会話してみて。

合コンで、隅っこにしか座れない？

パーティや合コンでよく、隅のほうの席に座って「ここでいいよ」というそぶりをしているオトコのコがいるよね。あなたはどう？

「カゲのある男」「孤独が好きな男」「合コンに仕方がなく来ているふり」を演出しているのかもしれないけど、はっきり言って「そんなポーズをとるなら、来なきゃよかったじゃん」という話よね。そういう消極性を好ましいと思うオンナのコはめったにいません！

まず、いじけている感じがするのよね。せっかく皆で、楽しく飲んで歓談しているところに「一人が好き」「孤独こそ愛している」なんていう態度は、目障《めざわ》りで仕方がない。

うがった見方をすれば、「自分中心のナルシスト」。「それでいて、オンナのコには自分から声をかけられないのね」って思っちゃいます。私の嫌いな「シャイ男」なわけよ。

でも、どうしても真ん中で盛り上げ役になるのが苦手、という人はいるでしょ。そのコは私の嫌いなシャイ男とは別。苦手なんだから仕方がない。じゃあ、どうしたらいいんでしょう。

それは、そんなに難しいことではありません。「オレなんて、ここでいいよ」ではなく、「○○さんに中央に座って欲しい」というメッセージを発信すればいいんです。

どうですか？ これならひがんでいるようにも見えないし、相手に妙な気を使わせないでしょ。オンナのコの受け取り方は、雲泥《うんでい》の差。

これは「消極的」ではありません。「控えめ」です。消極的と控えめは違うでしょ。

つまり**「控えめ」というのは、仲間に入りながら、他者に対して、配慮があること**なんです。たとえ言葉が少なくとも、表情や態度はグループに加わっている。誰かが話せばよく聴き、笑います。これが大切なことなのね。

ちょっとしたテクニックだと思われそうですが、これ、「相手に軸をおいている」から、まさにコーチングとしてのコミュニケーションなの。自分も大事にしつつ、一緒にいる「他者を中心にできる」って、人間としての深さを感じさせるよね。そんな人は、たとえ発信するコメントが少なくとも、思索している人、精神的にしなやかで、強い人という印象を与える。

ひがみ根性のシャイ男になっていない？

でも「ひがみ」から生まれたほうの行動はどう？「ちゃんとオレに気を使えよ！こうして隅でいじけてるんだからさ。機嫌とってくれないと、帰っちゃうよぉ」というメッセージを周囲に発し続けます。こんなこどもを相手にするのはうんざりよね。同じ「隅に座る」という行動でも、オンナのコに与える印象は全然違うんです。

人間は、相手の中身をちょっとしたことで瞬時に判断しています。とくに、合コンに来たオンナのコやお見合い相手の女性は敏感です。「ひがみっぽい気もち」やポーズがないか、自分をチェックして。

ちょいモテ男になる30秒ワーク

合コンを企画すること。そして、ここで紹介したスキルを使ってみること。

さて、パーティや合コンでの役割について、ついでにもう一つ。

あなたの友達に要領がよく、おいしいところだけもっていくオトコのコっていない? たとえば、プランニングは他人任せなのに、いざ合コンのときに「主役」のように振る舞うオトコのコ。店が悪いだの段取りが悪いだの、人前でこれ見よがしに文句を言ったりします。「手伝いもしなかったくせに、後から言うな!」だよね。

でも、そんなの言わせときゃあいいんです。

何でも、ゼロからクリエイトすることはとても大変なこと。それは、合コンの幹事をやったことがある人なら誰でも分かることだし、オンナのコだってそのくらい分かっています。人のお膳立てに要領よく乗るだけのオトコのコより、真摯《しんし》に行動しているあなたを評価しているオンナのコのほうが、きっと多いと思うよ。

自己紹介は「近さ」と「遠さ」をアピール

オンナのコは、まず自分と「近い人」が好き。たとえば、出身地とか価値観とか家庭環境とか。当然、「近い人」とはうまくいくと感じるから。それに、安心できてリラックスできるし、自分を飾ったりする余計なエネルギーを使わなくて済む。

でも同時に、自分にないものを補完してくれる「遠い人」も好きです。

補完してくれる人に対しては、「私の足りないところを支えてくれる」「彼が必要」と思うので、魅力を感じます。

つまり、「この人、ちょっと難しいけど、でもそこが魅力！」って思うのね。

そこで**自己紹介では、二人の「近さ」を探しつつ、相手にはない自分の魅力を発信**

することが必要です。
はじめに相手との「近さ」を見つけて、その上で「自分の魅力」の発信の仕方を考えればいいワケ。

その出会いは運命……


「近さ」を発見する会話ですが、じゃあ、どうやるかと言うと「ご縁」を見つける会話をするんです。出身校とか、血液型とか、趣味とか。

あなたが出会った人とずっとおつき合いが続くかどうかは分かりません。

でも、出会ったのは偶然でしょうか？　偶然ですよね。だったら、偶然て素敵なこと。だって人生は偶然の積み重ねでできているから。

私は出会った人と、この「意味ある偶然」つまり「ご縁」を探すのが大好きなんです。だって、初めて会った人なのに見えないところで繋《つな》がっていたと感じるとすごくうれしい。どこかで繋がっているんだ、と知ると勇気が湧いてくる。

あなたも大切な人と出会って、「運命！」とか「奇跡だ」と思ったことや、感謝したことあるんじゃないかな。

だから、**ご縁を探すと、親近感はぐっと増します。そんな話の中から相手の価値観や育った環境、つまり「近さ」も見えてきますよね。**

ご縁を探すときの注意点は、まず、相手の話をよく聴くこと。よく聴くから、「ご縁」を探せるのです。だけど、「ご縁があるね」とお互いに分かり合うには、「自分の情報」も出さなくてはなりません。

個人情報ですから、相手が安全な人かどうかを見極める必要はありますよ。でも安全だと感じたら、自分をディスクローズしましょ。

次は、「近さ」と同時に「補完できる男」をアピールします。

まず注意点から。

初めて会ったときに、自分の仕事の話を延々としていませんか？

「自分の魅力」を理解して欲しい気もちは分かるけど、別の業界にいる人にとってその時間は退屈。しかもただ発信だけをしているのは、有効打ではないのです。

「自分の魅力を発信するテクニック」は、コーチングスキルにはないけれど、相手のことをよくヒアリングした上でイマジネーションを働かせることが必要です。

「補完できる男」をアピールするためには、大事な経験をオンナのコに自信をもって話せる自分を創っておいて欲しいな。以前一緒に仕事した人にこんな男性がいた。「僕、仕事はニュースのディレクターだけど、花火師の資格もってるの。母校の学園祭で打ち上げてね。皆感動してくれたけど、一番嬉しかったのは実は僕だった。泣いちゃったヨ」。こんな風に、「自分の感情」「感想」「思い」「経験」などの話にはあなたの魅力が投影されます。

自信をもつことのスタートは、あなたが今の自分を受け入れること。人に自分を見せるのは、とても怖いことだけれど、そこで臆病でいては出会いが逃げていきます。ちょっとだけ勇気を出して。

ちょいモテ男になる30秒ワーク

身近な人との「ご縁」を探して「補完できること」を考えてみて。「相手の欠点を利用して、自慢話にすりかえている」と誤解されないようにね。

近い話から遠い話へ

あなたは朝からお肉を食べられるほうですか？　朝はおなかに優しい食べ物のほうが好きですか？

食べ物に好みがあるように、話題にも好みがあります。

全部の質問に答えてみてください。

①今の政治をどう思いますか？
②会社までどうやって通《かよ》っていますか？
③仕事の目標は何ですか？

④星座は？
⑤どんなときに充実感を感じますか？
⑥学生時代に何を専攻していましたか？

答えやすさ、答えにくさがあるでしょう。
②、④、⑥は答えやすい質問です。
①、③、⑤の話題は好きな人もそうでない人もいるでしょう。
②、④、⑥のような答えやすい質問は会話のスタートにふさわしいと言えます。
交通手段や自分の星座、学生時代に学んだことを答えられない人はまずいません。

この話題は、近いことをきかれています。

つまり、**時間的に最近のこと、自分の星座や学生時代の専攻などの「自分自身」のこと、考えなくても答えられるほど「身近」なものからもっていくと答えやすい**のです。

そしてまず、近い話でアイドリングをして、エンジンが温まったところで、少し遠い話をしましょう。

ここでは①、③、⑤のように、たとえば政治という少し硬い話題や、「目標」という未来の話、「充実感」という抽象度の高い話です。徐々に遠い話に移行されるほうが滑らかに話せるというものです。

①、③、⑤のように、抽象度の高い質問を自分にしてみてください。準備していないと、戸惑う質問もありますよね。

もしあなたが、こんな質問にいくらでも答えられるという人なら、かなり弁舌に自信のある人でしょう。周囲からは「饒舌《じょうぜつ》な自信家」と見られている可能性も……!?

相手にもよりますが、自分がしやすい質問が必ずしも相手にとって答えやすい質問とは限りません。

話題は、近いところから遠いところへ移動させてみて。

ちょいモテ男になる30秒ワーク

投げかけようとしている質問に意識を向けてみて。それは、近い質問？　遠い質問？

質問はオープンクエスチョンで

またまた次の質問に答えてください。

①あなたは、男性ですか。
②あなたは、食べ物は何が好きですか？
③あなたは、小学校時代成績がよかったですか。
④今までもらった誕生日プレゼントで何が一番うれしかったですか？
⑤あなたは、映画好きですか？
⑥あなたは、どんな家に住んでいますか？

オープンクエスチョン練習するぞ！
オー!!
よーし!

今度は、答に注目してください。①、③、⑤の問いの答えは？　YESかNOですね。②、④、⑥はどうですか？　YESかNOだけでは答えられません。つまり、こう質問されると、相手は多くの情報をアウトプットすることになります。当然、会話の量が増え、弾みます。

コーチング研修を行なっていて、コーチ役のほうが多く話しているペアがあります。よく聞いていると、①、③、⑤のような、返事がYESかNOで終わるような質問しかしていないのです。これをクローズドクエスチョンといいますが、このような質問が長く続くとどうでしょう？　相手は息苦しくなっていきます。

日常を振り返ってオープンクエスチョンとク

ローズドクエスチョンのどちらが多いか、ちょっと意識してみてください。

クローズドクエスチョンは、ただ確認しているだけのつまらない会話に陥る可能性大です。

「今度の休みに、ドライブ行く？」「夕ご飯食べる？」ではなく、「今度の休みにどこに行こうか？」「夕ご飯何にしようか？」です。

ちょいモテ男になる30秒ワーク

YESかNOでしか答えられない質問を避けて、オープンクエスチョンにしてみて。

視覚情報満載で、感情が分かる話題を選ぼう

合コンで初めて会ったオンナのコとでも、子供のころ好きだったドラマやテレビ番組などの話って盛り上がるよね。

アニメの話やテレビドラマの話、アイドルの話をすると大人でも興奮しちゃう。相手が同世代ならなおさら。ちなみに、当社の男性スタッフ大﨑（四三歳・男）は幼いころ、榊原郁恵さんと薬師丸ひろ子さんに憧れていたんだって。そうきくと郁恵ちゃんの健康的な肢体が浮かぶし、薬師丸さんが機関銃を抱えてた姿も思い出される。

思い出が一緒によみがえるって楽しい！

こんな風に脳裏に映像が浮かぶのが「視覚情報満載」の会話。オトコのコはオンナ

のコの話を楽しそうに聞きながら、自分も発信して会話をキャッチボールしながら視覚情報を増やしましょう。

ここでまた注意点。こんなときオトコのコは、理屈っぽくてロジカルに話すので、オンナのコが冷めていくことがあるのよね。特に、「何が好きで、何が嫌いだったか」を話しているのに、「何が正しいか」という視点で話をされると、興ざめで、ムッとしちゃう！

あなた「アニメはやっぱり、ルパンだよね」

彼　女「私もルパン三世はほとんど観てるよ」

あなた「ルパン三世は『カリオストロの城』が一番面白いよ。ルパンっていつもクラシックカーに乗ってるんだよね」

彼　女「私もルパンの車、好き！　赤い車がかわいいよね」

あなた「違うよ。カリオストロのときは、黄色のチンクチェントなんだよ。赤じゃないんだよ！」

なんて言われると、**「自分の知識をひけらかしている」と感じ、オンナのコはカチ**

ンときます。

「私は、『カリオストロの城』の話をしてないわ！　ルパンの車の話をしているのよ！この人、なんか、狭い男ね」となっちゃう。

失敗だわよね。

コーチング的には、こんなときは、あなたの感情の動きを描写することを意識してみて欲しい。

「自己紹介は『近さ』と『遠さ』をアピール」にも記したけれど、「どきどきした」「わくわくした」「楽しみだった」「悲しかった」「切なかった」「つらかった」など自分の気もちを伝えるようにするということ。

当然、伝える前に「自分の気もちを探す」必要があるね。オンナのコはあなたの「思い」に触れたいと思っています。思いは、あなたそのもので、感情にその人が現れるから。

楽しく循環する会話にするには？

では、会話のやり直しをしてみましょう。

あなた「アニメはやっぱり、ルパンだよね」
彼　女「私もルパン三世はほとんど観てるよ」
あなた「ルパン三世は『カリオストロの城』が一番面白いよ。ルパンっていつもクラシックカーに乗ってるんだよね」
彼　女「私もルパンの車、好き！　赤い車がかわいいよね」
あなた「そうそう。ルパンが赤いクラシックカーに五ェ門と二人で乗っているのが、妙にカワイイよね。**オレも好き！**」
彼　女「そうそう。でも、黄色いときもなかった？」
あなた「えーっ！　よく知ってるね。『カリオストロの城』のとき。君、車詳しいんだ」

彼　女「そうでもないけどぉ」

あなた「**嬉しいな**、黄色のチンクチェントを知ってるオンナのコがいるなんて……」

何気ない会話だけれど、楽しく循環してるでしょ。

視覚情報が満載だし、ふたりとも「何が好きで、何が嫌いだったか」を話して「思い」も伝わっています。

感情は見えないものだから

さて、日常会話やデートのときも同様に、相手が何か話したら、そのときの相手の気持ちに焦点を当ててみて欲しい。
ちょっとやってみますね。
彼　女「今日、私は何も悪くないのに、カワサキ課長から一方的な叱られ方したわ」
あなた「叱られたんだ。悔しかったね」
彼　女「で、昨日出した文書が届いていないって言われて、朝から電話をあちこちにしたのよ」

あなた「そうか。心配しちゃったんだね」

こんな具合。

特に、気分が滅入《めい》るようなことがあったとき、元気がなくなっているときなどは、「思い」を代弁してもらえると、オンナのコはほっとします。このときは、言葉以外から表現されているものも感じとってあげて欲しい。

つまり、声の調子、姿勢、表情などからということ。

ほかに「思い」を汲《く》む言葉には、

「そうか、悲しかったんだね」

「恥ずかしかったんだね」

「嬉しかったんだね」などがあります。

「オレにも同じ体験があるよ」などと「同意」されるよりも、「思い」を分かってもらえるほうが強い親しみを感じる。

たとえ相手が、イライラしているように見えたとしても同じ。

「もしかして、ちょっとむかついてない？」
「ねえ、気持ち沈んでる？」

そこにあなたの「評価」を混ぜなければ、そんな質問も問題にはなりません。これが「思いを汲む」というコミュニケーションスキル。「オレという鏡に君の気もちはこんな風に映っているよ」と、今ある彼女の思いを彼女自身に見せてあげるだけです。

人がコミュニケーションで知りたいのは、相手の思い。そして、分かって欲しいのは自分の思い。

ちょいモテ男になる30秒ワーク

オンナのコと昔のTV番組の話をして視覚情報を増やしてみよう。

Lesson
3

要チェック!!
だからあなたはモテないんです

オンナのコを前にすると急にしゃべらなくなる人

この本の中で、シャイなオトコのコのことを悪く言っている私は、彼らにちょっと厳しいようです。しどろもどろだったり、視線を合わせることができなかったり、場合によってはオンナのコに自分から話しかけないと決めていたり……。

コーチングには「ペーシング」というスキルがあります。相手をよく見て、相手に合わせて、自分自身の視覚情報（表情や視線）や聴覚情報（声の明るさや大きさ）を整えるのです。このスキルを使うと相手の反応が驚くほどよくなります。人は、見た目や最初に話した感じで相手の性格を判断するからです。

真正面で話すよりL字型に座ったほうが話しやすいことがあるでしょ。服装だって

TPOにふさわしくない人にはちょっと警戒する。

もっと簡単なペーシングでは、たとえば、話をしているときにしっかり相手の目を見る、これだけでも大きく反応は変わってきます。オンナのコはあなたが目を見てくれれば、一個の人格として扱ってくれていると感じますが、目を合わせないと「本当に自分を一人の人間として見ているのかしら？」と疑ってしまうのです。

つまり、シャイでいるなんて「ナルシズム」以外の何ものでもない！

それでも、「どうしてもあがってしまう」「相手の目を見られない」という人、いるかもしれません。じゃあどうして同僚のオンナのコや同性の友人とは普通に接することができるのに、合コン相手とか紹介されたオンナのコに対してはシャイになってしまうのか、考えてみて欲しい。

人によって接し方が違うなんて恥ずかしい

結論から言ってしまうと、それはシャイなのではなく、きっと**女性を性の対象としてしか見ていない**のです。「きれいな人を前にすると上がってしまう」——一見純情な感じがしますね。でもそれは「自分が男としてどう思われるかに関心があるから緊張する」わけ。つまり相手が自分を性的なパートナーとして認めてくれるかどうかが気になって仕方がない、ということなんですね。

人間も動物だから、相手に性的魅力を感じ、より魅力的な人と協力しながら子孫を育んでいきたいと行動することは、非難されることではない。

でも、同性に対しては普通に話ができるのに、異性にはいきなり接し方が変わるのは、あまりにも露骨じゃない？　シャイでいることのほうがよっぽど恥ずかしい、そう思いませんか？

自分に性的関心を持っていると感じると嬉しい、と思うオンナのコもいます。でも逆に嫌悪感をもつオンナのコも多いので、「シャイな男」は誰にでも通じる演出にはなりません。

だからこそ、相手をよくみて「ペーシング」のスキルを磨くことが重要。まずは、笑うことから勉強しましょう。笑わない人は、それだけで楽しくないし、硬い表情を見ていると、相手はそれだけでエネルギーを奪われるので、会うのが億劫《おっくう》、と思われます。気をつけて!!

こんな行動がオンナのコを不快にする

相手が話しているときに腕組みをしたり、のけぞったり、あごが上がっているのも横柄《おうへい》な印象を与える。オンナのコは「なによ、偉そうに!」と感じるのです。

早口や、「立て板に水」も相手を疲れさせる。かといって、話すテンポが著《いちじる》しく遅い人とか、「う~ん」「あのあのあの」「まあ」「えー」なんていう口癖が多い人も話をきいていてイライラしてくる。自分の視覚・聴覚要素が相手にとって不快ではないか、一度チェックしてみる必要があるね。

最後に一つ注意を。シャイ男はオンナのコをすごく意識しているから、相手の美醜に関して厳しく言います。オトコのコ同士のときとか、気を許した相手にね。飲み会なんかで。「○○子は、目がかわいい」とか「足が色っぽい」とか「唇がセクシー」だとか。

そういう話って、飲み会の翌日にはもう本人に伝わっていること、多いよ！ で、「気軽に声をかけられない自分」を横において、陰では勝手なことを言っているオトコのコをオンナのコは嫌います。とくに、オンナのコの扱いに差をつける男は、どんなオンナのコから見ても魅力的ではありません！ 気をつけましょう。

ちょいモテ男になる30秒ワーク

相手が話しているときにちょっとだけ前傾姿勢で、相手の顔を見て、よく聴く。自分が話すときの口癖にも注意して！

自分の価値観が正しいと思い込んでるヤツ

先日、二〇年くらいぶりに、以前勤めていた会社の友人に会いました。で、そのころ付き合っていた人のことを思い出しました。といっても、あまりいい思い出じゃない。

二〇代の前半、つき合っている人とドライブに行きました。彼は三〇代前半で、ちょっとリッチ。車は白い高級車。……といっても、今はもう見ない国産車だけどね。

楽しいドライブになるはずだったの。

いい感じで国道を走っていたとき、白いビニール袋が彼の車のミラーに絡《から》まったのです。スーパーで商品を入れてくれるあれです。

そのころのミラーは、ボンネットの前のほうについているフェンダーミラーです。

そして絡まったのは、助手席側のミラー。

「次の信号でとってくれる？」

「分かった……」

という会話があり、私は次の信号で車から降り、大急ぎでスーパーの袋をはずして、車に持ち帰ったの。

その後の会話で、彼のことを私は大嫌いになりました。

「何でこんなもの持ちこむの!?」

「えっ？」

「汚いじゃない」

「でも……」

と言って、私は次の言葉をすぐには見つけられなかったの。

ムッとしただけで、頭がいっぱいになっちゃったのね。

「……でも、ミラーからはずして道にポイと捨てることはできないわ。なんか自分だ

けよければいいと思っているみたいで」と私は言いたかった。でも、まだ若かったから、自分のその心のひだを上手にのぞけなかったんだなあ。だから、言葉にもならなかったのです。

「汚いだろう！　窓から捨てろよ!!　誰が触ったか分からないんだし。だいたい、すぐに捨てればよかったんだよ!!」

彼は言葉を荒らげました。

「あなたってそんなに潔癖症だった？」とは言いませんでしたが、私は自分が「鈍感・不潔」と言われているようで、ますますムッ！　でも、彼の命令通り窓から捨てることはしませんでした。

そのあと彼は、国道沿いのゴミ箱の前に車を停め、自分でポイとその袋を捨てたのです。「私が車に持ち帰って、彼が途中のゴミ箱に捨てる」ということでよかったのじゃないか、と不満が残りました。車の中にいやな空気が漂っていたからね。みんな自分が正しいと思っている。そして、みんなそのためにコミュニケーションをとる。そのときに相手の価値観なんて目に入りません。そして、「どちらが正しいか」決めようとしちゃう。

若いころってこんなこと多いよね。

で、今の私はあのころより賢くなっているかときかれると……自信がありません。偉そうなことを言っている私ですが、本質はそんなに変わっていないようです。今もムッとすると、次の言葉を上手に探せない。

ちょいモテ男になる30秒ワーク

あなたが正しいと思い込んでいる自分の価値観を見つけて。

自分を軸に会話する人

私の知り合いにYさんという男性がいます。

私が新しいマンションを買い求め、引越しをしようとしていたときのことです。

Yさんが、新居のことをきくので答えると、「えっ、一階にスーパーがあるの？ そういうマンションは、上ににおいが上がってくるんだよね。えっ、環七沿い？ 空気悪いよ」。

私は、どっと疲れました。彼には二度と会う気がしなかったし、実際に会っていない。

彼の中には「欠点を見つけよう」、そして、「自分の有能性を示そう」という心理があるのです。

決して悪意はないのです。むしろ彼の根底は「本人も気づいていないことに気づかせてあげよう」という親切心だったかも。でも、楽しくない。重い。

そして、似たようなことを私自身もやってしまいます。相手が気づいていないことをつい指摘してしまうのです。

Yさんの場合、すでに引越しが決まっている住まいを分析されても、私には何も役には立たない。

彼のように、**コミュニケーションを自分の有能性の証明のために使う男性**は、ホント多い。そういう人にとっては、快刀乱麻《かいとうらんま》を断つように自分が課題解決できることが重要なの。でも、それはともすると相手の欠点の指摘や弱点に目を向けることになり、たとえ優れた分析であっても、そこに「楽しさ」を感じることはできない。

むしろ上からものを言われているような一方通行のコミュニケーション。そんなとき、オンナのコは憂鬱《ゆううつ》になっていきます。

あえて女性を憂鬱にさせるようなコミュニケーションを行なう人はいないと思います。誰のための、何のためのコミュニケーションなのか意識をすれば防げることなのに……。

ちょいモテ男になる30秒ワーク

自分の中に「相手の間違いを指摘したい」気もちがムクムクと大きくなったら引っ込めてみること。

ステレオタイプのオトコのコ

私たちの価値観には、親から与えられてきたメッセージが実に色濃く反映します。

よく見られるタイプは、「男と女」で分けてしまうステレオ君です。**「女のくせに」「女はお気楽でうらやましいよ」「料理のできない女は女じゃないよな」**なんていう言葉を何の疑問も感じず連発するオトコのコいるよね。そこに根拠はないのですが、「思い込んでいる」ので、本人にとっては正しいのです。

当社のセミナー参加者の若い父親が「うちはオンナのコだから、オンナのコらしくおっとり育てたい」と言ったの。何気ない言葉だけれど、周囲にいた女性たちは鼻白《はなじろ》んだ。「おっとりがオンナのコらしいって誰が決めたの？」ってね。女性に偏《かたよ》った価

値を押しつけるステレオタイプのオトコのコはこんなことに疑問をもたない。もう一方で私たちは、親や大人から有能であることを奨励されて生きてきました。するど、有能性の証明のための表現は強く出ます。自分の「有能性」を何とか見せようとする。オトコのコが自分の話ばかりしてしまうのは、その典型。

こういうオトコのコは、コミュニケーションで「勝とう」とします。負けないことが重要だという思い込みがあります。負けると、有能性を示せないから。

「分析」や「解決策の押しつけ」はうんざり

女性は露骨に有能性をアピールする男性を嫌うということは、わかってもらえたと思うんだけど、それでも日常の中では結構やっています。たとえば、

「体重ちょっと増えちゃったの」と彼女。

「そりゃあ、そうだよ。君は、食事の時間が不規則で、甘いものばかり食べてるからさ」とあなた。

こんな風に、**「悪者探し」をされると、オンナのコはうんざりします。**

ちょいモテ男になる30秒ワーク

男女だったり、出身地だったり、出身大学だったり、「ステレオタイプ」になってしまう自分に気づいて！


「そんなこと知っているわよ！」

「あなたに言われたくない！」

「体重増えて、困っている私の感情はちっとも分かってくれない！」と感じます。

あなたにとって、「無意識の有能性アピール」はすでにシステム化されているから、彼女の思いよりも先に「分析」が口をついて出るのよね。たとえ、「大正解」でもオンナのコからは好かれません。

おまけに、「体脂肪は今より五％は落としたほうがいいな。まあ、毎日の運動だよ。会社でエレベーターを使わなきゃいいんだよ」こんな「解決策の押しつけ」までされるとますます女性は、うっとうしくなっちゃうのよね。

ステレオ君と有能性アピール君は大体セットです。あなたはどう？

自慢男は最悪！

自慢というのはどうも癖になるようですね。周囲にもいるでしょ。

ある大学生のグループと話をしたときのこと。私立大学三年生の彼らは、ひとりの後輩の自慢癖について悩んでいました。車好きのA君が過度な自慢をすることに辟易《へきえき》していたの。

直前の飲み会での出来事。みんなで車の性能の話をしていたときに、A君は自慢に自慢が重なって、「実家にはベントレーが二台あって、自分の車はF1並みのスピードが出る」というところまで話が進んじゃったっていうのね。それまで「まあ、こどもっぽいけれど悪いやつじゃないから……」と感じていた先輩たちも、そのときから

は「相手にしても仕方がないな」と思うようになった、ということでした。

メンバーの中には彼のことをよく知っている人がいて、嘘であることがバレバレだったのね。それに、A君は優位に立とうとするあまり、話が徐々に大きくなるから、ほころびが出てくるわけ。

彼にしてみれば、そもそも周囲から「素敵な男」という評価を与えられたいがためにつくってしまった偽りの自分が、周囲との関わりを閉ざしてしまうのだから、なんと皮肉なことでしょ。人間て、目指すこととは逆のことを気づかずにやってしまうのよね。

「自慢」はすなわち自信のなさの現れです。実は「今そこにいる自分そのもの」に自信をもてないからつい言ってしまうのです。


自分のエゴのためのコミュニケーションなんて……


あなたも「つい」やっていませんか?

「ミスR大学だったS子? ああ、知ってるよ。……っていうか、実はアイツ、オレ

のことが好きでさ、結構しつこく追いかけられたよ。イヤ、ホント。へへへ……」なんてね。

オンナのコにしてみれば、ちょっと聞き苦しいです。ホントの場合もあるでしょうけれど。ホントのことならなおさらそんなことを口にしないデリカシーが欲しいな。

嘘であっても、ホントであってもこれらの話は自分を飾っているだけ。丸腰の自分では「自信」がもてないから、精一杯大きく見せているのよね。ブランド品をもって、あまり似合わないけれど、満足しているオンナのコとどこか似ているね。

こんな人をオンナのコは、あまり好きにはなれません。

コミュニケーションは「自分を知ることから」です。「今のコミュニケーションは何のために行なっているのか」意識してみて欲しい。つまり、相手のために行なっているのか、自分のエゴのために行なっているのか、一度自分のふるいを通してみるということ。

あなたはプロのコーチではないのですから、彼女も楽しくて、そしてあなた自身も楽しい会話をしていいのです。つまり自分は相手を理解し、相手にも自分を分かってもらえるようにコミュニケーションを利用すべきなの。

ただ、あなたの言葉はあなたが思っている以上に相手の「心」に影響を与えます。**自慢話に対して、オンナのコは敏感です。**自分を偽りで飾らない会話から始めましょう。

ちょいモテ男になる30秒ワーク

あなたもつい「自慢してしまう」ことはない？
飾らない自分を相手に伝える会話を心がけてみて。

勝手に彼女を偶像化するな！

以前一緒に仕事をしていた同僚・Yさんにばったり会って、後日一緒に食事をすることになりました。

彼は、一〇年ほど会わない間に結婚して、そして離婚していました。

彼は、「話をきかない男」。つまり、コミュニケーションはアウトプットだと思っている人の典型で、私と食事をしていてもず〜〜〜っと話している。食事をしている時間の九五％以上は彼が話をしてるのね。私は、合いの手を適当に打っているだけ。そのうち退屈になってきちゃった。

彼の離婚の理由は、こうです。

彼女はかわいくてやさしくて素直でいいニオイがしてトイレにも行かない天使のような娘なんだよ!!
そんな女いねーよ
グッ

結婚した途端《とたん》に「妻が豹変《ひょうへん》した！」。

詳しくきくと、**「ピアノが弾けることは自分の憧れ通りだった」「両親との同居に同意してくれた」「料理が上手だった」**「その通りだったけど、結婚したら自分の理想とは違った」というのです。

私「結婚前に、彼女をどういう人だと思っていたの？」

Yさん「価値観の合う人だと思っていたし、お互いが合わせていけると思ったんだけどね……」

てな話。でも、彼が結婚前にインプットしていた情報は、彼女の価値観を知ることができる本質的な情報ではなかったんだと思うな。「彼女からしっかりとヒアリングし、結婚の判断材料となることを何も聞き出していなかったんじゃないのかな」って私は想像しました。

だって本当に、九五%以上話してるんだよ。会っていなかった私の一〇年間のことなんて少しも興味をもっていないし、一個も質問しないの!

発信しているばかりでは本質的な情報は得られない

つまり彼の言う「豹変」とは、彼女の現実が変化したわけではなかったと思うの。彼は、彼女から得られた「少ない情報」から、彼女を自分にふさわしい人として偶像化していただけなんだと思う。で、暮らしてみたら、彼の中のイメージと違いがあったということ。それは、二人で会っていても九五%以上話してる彼のコミュニケーションから想像がつくものでした。

もしそうだったら相手のプロフィールや印象から、勝手な彼女の像をつくりあげ、結婚してみて「違う!」と思ったとしてもそれは相手のせいではないよね。

ともに食事をする私の目の前でも、彼は私の話をききもしなければ、質問もしなければ、私から情報を取り入れようともしない。他人に興味がないのです。自分が大好きなの。だからずっと話をしているだけなのです。とっても気もちよさそうでした。

正直、私はプロコーチだから、一方的な人の話をきくのは慣れているけれど、やっぱりつまんなかったヨ。

その後、Yさんと飲み会をやったの。次の新しいパートナーを求めているYさんですが、友人たちと一緒に飲んでいても、やっぱりずっとしゃべってた。

私たちは、**パートナーを選ぶとき、本質的な情報をインプットしないと間違えます。**だから彼のようにしゃべっているだけなのは、結果損しちゃうのね。で、相手の視覚情報から思い込んじゃう。視覚情報はちょっと嘘つきです。相手の内面とは必ず乖離《かいり》がある。それでしくじっても、相手のせいではありませ～ん！

ちょいモテ男になる30秒ワーク

あなたがあなたの彼女のことをどれくらいよく知っているか、考えてみて。意外と情報を取り入れていないかも。

オンナのコはあなたのシナリオ通りには動かない！

「コーチングの基本、それは「コーチが相手の話題についていく」ということ。でも、慣れていないコーチは、実際にコーチングをする前にシナリオを書いてしまう傾向があります。最初に、「これをこうして、こういう結論にもっていこう」というシナリオを書いて、その通りの質問で強引に引っ張っていく。そんなコーチは、コーチとしては失格です。クライアントは「話したいことを話せなかった」と感じちゃいます。

あるいは、「こうしなさい」とアドバイスしたがるコーチも多い。これは「コーチング」ではなく「ティーチング」。これが続くとクライアントは「自分はコーチより劣っている」と感じて二人の関係が対等ではなくなったり、「自分は能力がないと思われ

ているのだ」と感じ、コーチとの信頼関係が希薄《きはく》になっていったりします。

さてこの二つの失敗、オンナのコとのデートも同じだ、ということに気づいた？　はじめからシナリオを書いて、そのレールに乗せようとするオトコのコ、意外に多いよね。たとえば、**あそこへドライブに行って、ここで告白して、ここで手を握って……みたいに、デートの「シナリオ」をこと細かに書く人**、結構いるでしょ？　リードするオトコのコは、確かに気もちがいいかもしれないよね。その通りに事が進めば、ご満悦でしょう。

でも、それこそ、アウトプット（情報を出すこと）しか考えていない証拠です。情報はインプットが大事。


「ゲッ！　自己チュウ！」


こと細かにシナリオを書いてリードすると、オンナのコはどう感じるでしょう？

「私のためにいろいろ準備してくれて嬉しい!!」と感じるオンナのコもいるかもしれない。でも、みんながそうとばかりは言えないんだな。

「私なりに描いていたデートの計画と違う」と思ってることもある。「私の希望は無視ね」かもしれない。「ゲッ！　自己チュウ！」もあるね！なのに、委細《いさい》構わず、二回目のデートで「愛しているよ」と告白し、三回目のデートで、「きみで決めたよ」と言われたらどうでしょう。現実にこんな男性がいるのです。ドラマじゃあるまいし……だよね。

「私なりに描いていたデートの計画と違う」と思っちゃっているオンナのコが、三回のデートで重要事項を決められるはずがないじゃない。そのスピードを「格好いいこと」と思っているなら、勘違いも甚《はなは》だしいよね。

オンナのコには、そんな強引さは、「男らしい」とは映りません！

事前にシナリオを立て、その通りに物事を進めようとすると、自立しているオンナのコはそれを**「軽薄」「浅はか」「ひとりよがり」「がっついてる」**と評価します。

オンナのコは、まあ、好みもあるけど、優柔不断はイヤ。でも「黙ってまかせておけ！」、そんな心理が垣間見えると、もっとイヤ。「私だって一人の人間なの。お人形じゃあるまいし」そう思っています。それは、「思いやりや配慮のなさ」を感じるからなのよ。

あなたに心があるように、相手にも心があります。

あなたがシナリオを書いたら、オンナのコはその通りに一度は演じてくれるかもしれないけれど、あなたが描いた通りに最終章までは上手くいかない。

二人で筋書きのないドラマを楽しむから「出会い」は楽しいのです。あくまで基本はプロコーチと一緒。「相手から出たとこ勝負で一緒に考えながら生きていく」こと。場合によっては相手に合わせてアドリブがきく「柔軟性」がなきゃね。

ちょいモテ男になる30秒ワーク

デートの予定を立てないで一緒にシナリオをつくることを楽しんでみて。ただし、「意思決定できないオトコのコを嫌うオンナのコは多い」ということも忘れないでね。

過去の恋愛を引きずっている

ちょっと重いけれど、「未完了の恋愛の話」です。

未完了とは「終わっていない状態」を言います。人間関係が終わっても、「心」がまだそこにあるのです。終了していないから、宙ぶらりんなの。

「恋愛の未完了」をもっていませんか？　**未完了は、似た出来事があるとすぐに思い出しちゃうし、痛手のまま終わっているから次のチャレンジに勇気をもてない。**

オトコのコに失恋の話をしてもらうと、「未完了を抱えている人って意外に多いな」と思います。

オトコのコは強がるし、泣いちゃいけないと思っているし、生き方の美学に結構

こだわるから、「相手ととことん話して終わる」ということをせずに「振られそうになったら深追いせずに終わる」とか、「ケンカのまま意地を張って、修復できなくなる」とかいうことが多い。

でもそれが未完了になっているし、次の恋愛の邪魔をしている。

たとえば、「あの女のことはもう忘れた！」なんて、お酒を飲んでクダをまいている人がいますが、こんなせりふが出てくること自体、忘れていない証拠。そして、「心」はその記憶にいまだに支配されているということ……辛いよね。

私の知り合いの「オジサマ」にもそういう人

がいる。若いころケンカしたまま、お互いに歩み寄らずに意地を張り合って、音信不通になった彼女がいるんだって。彼はそのまま「転勤」に。彼女は、彼の転勤先まで訪ねてきたけれど、彼に会わずに帰ったんだって。何だかなあ、って感じだけれど、今でもその話をするっていうことは、彼女とのことが「未完了・終わっていない」んだよね。

「女なんてみんな……」じゃ人生おもしろくない

未完了は、日常では「忘れている」ようだけれど、意外にエネルギーをダウンさせます。

時間が辛い経験を徐々に忘れさせてくれると思っているでしょう。
ただ、気もちのどこかで「復讐心」が渦巻いているとしたら、それはあなたの中で「まだ終わっていない」ということ。
時間をかけて封印して、埋めたつもりでも、「未完了」として残っていると、それは、たまに意識に上ってくるのでは?

別れるときの彼女の冷たい言葉「あなたをもう愛していないの」「あなたには疲れたわ」「他の人が好きになったの」「距離を置いて自分を見つめたい」。

彼女のそのときの目。言葉の響き。後姿。靴音。すべてが冷たくあなたの中でフラッシュバックしてくることがあるかも。

それが、新しい恋に踏み出そうとしているときだとしたら……。

その記憶は、あなたを臆病にさせます。それに似た体験をしたとき、苦しさや怒りになってよみがえっちゃう。

「目の前で微笑む新しい恋人が冷たくなったら……」そう考えると苦しくなってしまう。そして、「女なんて、みんなズルイ」とすべての恋愛にあなたの失恋の解釈を当てはめる、なんてことも起こります。

これは、あなたにとってトラジェディ（悲劇）だし、女性を代表して言わせてもらえば、「みんなそうだ」と決め付けられるのは、残念なこと。だってそれは、「あなたの中で起こっただけのこと」つまり、「あなたの解釈」だから。オンナのコはみんなそんなではないし、そう思っちゃったら人生つまんないよね。

「未完了のまま」にしておくと、あなたの時間は、復讐のために使われます。新しい恋に挑《いど》めません。

あなたを振った彼女が、今後、あなたを苦しめることはない

そんな復讐はもうやめましょう。相手のことを許そうよ。

そこまでは多分できると思う。相手を許すところまでは。

もう一歩進んで、**彼女があなたを踏みにじることを許してしまった「あなた自身」のことも許そう。**

もし、「自分の未完了」と「精神面に与えているダメージ」に気づいたら、その「未完了」をたった今、完了してしまわない？

じゃあ、どうすればいいか。

一度しっかり向き合ってみることは必要。

そうすれば、今、宙に漂《ただよ》っている「未完了」をどこかにフリーズしちゃうことができるかもしれません。漂っているままだと、「未完了の記憶」が今の体験に勝手にくっついて、揺さぶります。

じゃあ、まず少し辛いけど、**別れた彼女のことを思い出してみて。**そのころのこと、そのころの場面。

思い出したら、**失恋した自分をいとおしいと思ってみて。**「ああ、失恋したオレって、いとおしいな」って。

「失恋した事実なんて、消してしまいたい」とか「オレを振った女がいたなんて、封印したい」じゃなくて。

今の自分の心を味わってみてください。そして、過去の経験を「過去の経験」として受け入れてください。

今彼女は、あなたを苦しめないし、あなたももっと成長している。あの「苦しい場面」のあなたも彼女も、もういないのですよ。

どうでしたか？

たとえ振られても、今、失敗したと感じていても、それは失敗ではありません。なぜなら、コーチングには、「失敗する経験」はない。あるのは「成功する体験」か「学ぶ体験」。

恋愛でも力強くあって欲しい。向き合ってそこから学ぶことを考えて欲しい。傷ついてそのままの人や、傷ついて酔いしれていることからは何も生まれません。

もし、話せる人がいたら、話してみてください。話しながら、ごちゃ混ぜになっていた「出来事」「感情」「相手の行動」を選別してみてください。「たったこれだけのことか」と、フト思えたら完了に近づけます。

失恋したときより、今のあなたはもっと素敵なはず。

「完了」できましたか？　じゃあ、新しい恋にエネルギーを使いましょう。

ひとりで向き合えなければ、コーチを雇いましょう。

ちょいモテ男になる30秒ワーク

「自分の未完了の恋愛」と向き合ってみましょう。それは「仕事」や「友人関係」にも影響を与えているかもしれないよ。「完了」しましょ。

Lesson
4

「合コンを制する者はビジネスをも制す」のだ

相手に引かれないほめ方

今度はオンナのコのほめ方の話。

なんでもいいから、オンナのコをほめればいいっていうものじゃない。オンナのコはオトコのコより警戒心が強い。だから、ほめ方を間違うと引かれちゃう。怪しい奴だと思われる。軽薄……と感じられるかもしれない。

私が独身のころ、仲間の中に「マメタロウ」と呼ばれていた男性がいました。女性に関してマメだ、という意味で、そこにはやや侮蔑《ぶべつ》的な響きがあった。彼はモテて、いつも素敵な女性を連れていたから、「やっかみ」も含まれてたと思う。

　そのマメタロウが二〇年近くたった現在、ビジネスで見事に成功しているのですよ。「あのマメタロウがなあ～」と友人たちは言うけど、私にとってはあながち意外でもない結果なんだな。

　「マメタロウ」が若いころモテたことと、今、ビジネスで成功している秘訣の根っこのところは同じだと思います。

　「マメタロウ」の「マメタロウ」たる所以《ゆえん》は、「女性をよくほめる」ということ。そのほめ方がまた絶妙！　たとえば、

　「こんな微妙な色の服を着こなせるのは、君だからだね。誰でも似合う服じゃないよ」

　「黒を着ると大人っぽいね。いつもとは違う人

みたいだなあ～」

「髪、切ったんだね。オレはこっちの短いほうがずっと好きだな」

一瞬、歯の浮くようなセリフに聞こえるけど、そこには**コーチング的な「承認」「観察」のスキルがある**のです。

人間誰にでも「他人からこういう人に見られたい」という願望があります。それを自分の「演出イメージ」と言います。人はその「演出イメージ」に添った形で、自分の言動を演出しているの。特に服装・ヘアスタイル・化粧・最初の表情は、その願望がもっとも顕著《けんちょ》に現れるもの。だから、よく「観察」していれば、相手が「他人からどう見られたいと思っているか」をキャッチできる。

そして人は「自分がこう見られたい」という演出イメージの通りに認めてくれる相手が大好きなのです！

服装、メイク、ヘアスタイルから願望を探ってみよう

じゃあ、ちょっと練習してみましょうか。

こんな人はどんな演出イメージをもっているでしょう。

A子さんは、花柄のワンピース、髪はストレートで軽く外はね。メイクはナチュラルでピンク系。最初に目が合ったときに、少し微笑んだとします。

どう？　彼女の自己演出イメージが、「お嬢様に見られたい」「品のいい人と思われたい」「優しい人という印象をもって欲しい」「穏やかな人だと思われたい」という感じだって、だいたい想像がつくよね。

次は、そこを言葉にして認めればいいのです。無理して過大にほめる必要はありません。ほめすぎると、裏にあるものをかんぐったり、何か不実なものを感じたりしてしまいます。感じたままを認めて言ってあげればいい。どんな言葉を思いつきます？

「ナチュラルな人だね」

「女性的な人だね」

「育ちがいいんだろうなあ」

そうそう、その調子です。

今度はB子さんで考えてみましょう。

B子さんはちょっと難しい柄のTシャツの重ね着。ローライズのジーンズで、髪はカラーリングしてロング。ライオンのたてがみを想像して。

メイクアップはやや不自然な濃い目の色を使っています。あまり笑わないから、少し生意気そうな印象。

彼女の自己演出イメージは？

「奇抜に装って個性的に見られたい」「考え方も時代の先を行っているように見られたい」「ミステリアスな女性と思われたい」「強い女性だと思われたい」などということが想像つくよね。

そんな彼女にはそのままを言ってあげて。「個性的だね」「印象に残る人だね」「この中で一番目立つね」と、相手の願望を感じて認めるだけです。

どうですか？　彼女を認める適切な言葉を思いついた？

自分をどう見せたいかという「演出イメージ」を変えるとオンナのコはすごく変わります。就職活動のときは紺のスーツなのに、入社した途端にセクシーな服を着ていたりするもの。装い・メイク・ヘアスタイル・最初の表情、それらが「他人からどう見られたいか」という願望の現れであることがよく分かるでしょう。

自分を喜ばせようとしてくれる人には好印象を抱く

最初の話に戻りますが、マメタロウはこの「願望」の掴み方がうまかったのです。これは相手が異性に限ったことではありません。他人にどう見て欲しいか、「演出イメージ」は誰でももっています。

それを掴むためには、相手をよく観察することが大事なんです。よく観察し、それを思い切って伝える。マメタロウはそこにまったく躊躇《ちゅうちょ》がありませんでした。まさに相手のための会話ですから、これはコーチのコミュニケーション術。しかも相手の「演出イメージ」を外していないから、歯の浮くようなせりふでも、ぜったい引かれないのです。

モテたい、という自分のためだったのか、喜ばせたい、という相手のためだったのか、それは分かりません。でも、自分のために会話してくれる人、会話で喜びを与えてくれる人、そんな人を好きになるのは当然でしょう。そして、よく観察しているからこそ生み出せる「認める言葉」は、相手にとって「私を見ていてくれる」「見守っていてくれる」という安心や勇気や自信につながっていく。これは、男女の関係だけではないよね。

マメタロウが大勢のスタッフを抱える会社の社長として成功している秘訣は、そこにあると私は確信しています。あなたもこのスキル、営業シーンや接待のときにも使ってみて。オトコのコも演出イメージをほめられるのが大好きです。

ちょいモテ男になる30秒ワーク

あなたの同僚の「演出イメージ」を認める言葉をかけてみましょ。つまり、「イケメンだ」と思えない同僚でも、服装や動作がイケメンだったら、「お前かっこいいなあ！」。これです！

言葉からポジティブに！

よく言われることだけれど、オンナのコはポジティブなオトコのコが好きです。でも「無用に明るい」とポジティブとは違うんだな。前向きな言葉が好きなのです。

「最近よくきくハナシだよなあ～」ですって？

でもね、言葉を侮らないで欲しい。たかが言葉だけれど、人生にかなり影響を与えます。

まず私たちは、自分の内面へも言葉によって働きかけています。どう感じたか、何を覚えているか、「感覚的に理解していること」を「明確に記憶」するときは言葉を使っているでしょ。

たとえば、ある場面を「そのときみんな顔を赤くしていた」という言葉で記憶すれば、その状態で思い出し、同じ場面でも「そのときみんな烈火《れっか》のごとく怒っていた」という言葉で記憶すると、その場面は「怒っている」状態でよみがえる。つまり記憶には言葉によってキャプションをつけています。

だから、その人の解釈がポジティブかネガティブかは言葉によって表現されるし、どんな言葉を選ぶかはその人自身の内面へも影響が大きいということ。

もちろん相手に与える影響も大きい。特にお得意先にはポジティブに。お客様はあなたに次も会いたいと思います。

さてオンナのコとの会話も、小さな一言であなたの「前向き度」は伝わります。**「ご飯食べない?」よりは「ご飯食べよう!」と誘われるほうが、気分が明るくなります。**何気なく言っている言葉の使い方、「口癖」にこそ、ポジティブ度が表れるのね。

ポジティブな言葉で気もちもポジティブに

小さなことだけれど、ポジティブな人は、相手に勇気を与えます。ネガティブな人

は相手から奪っていきます。

　ポジティブな人は、無用に明るいってことではない。なぜなら相手の感情に何か影がさしたとき、それを敏感に感じ取れるから。ふっと気づいてくれます。誰でも気づいたとき、どうしようかちょっと迷いますよね。

「元気ないな」って。

　でも、「明るい心のほうにベクトルを変えて欲しい」という願いがあれば、自分ができることを考えるでしょ。ポジティブな人はそこでぐずぐずしません。**「お前に会えて今日は最高の日だな！」**とかってね。

　ネガティブな人は、暗部にフォーカスします。行動が後ろ向きです。「雨が降っていて出かけるのだるくなっちゃったよ」「どこも不景気で手の打ちようがないな。ボーナス下がるだろうなぁ」などと何気なく話す日常会話の言葉でも、相手は気もちが滅入《めい》っていきます。私だったら、こんな人は取引先に選ばないな。

また、友達や仲間をあしざまに言う人は好きにはなれません。とくに、オンナのコに他の女性の悪口を言うのも、気もちのいいものではありません。その人の言葉に悪意があると、いつか自分にも降りかかってくると感じるから。

やさしくてポジティブな言葉は、ひらひらとゆらめいて、心のひだの中にふっと入ってくれます。過大な励ましじゃなくて、むしろ繊細に見守っていてくれる言葉。そんな経験ってあるでしょ。じゃあ、あなたは恋人や大切なビジネスパートナーにどんな言葉を届けたい？

ちょいモテ男になる30秒ワーク

**ポジティブな言葉を仕事仲間に届けてみましょう。
きつい冗談で笑えるのも楽しいけれど、今日はやさしく。**

共通言語を使う

言葉はただの言葉。でも、言わなければ思いは伝わりません。あなたと意中の女性はあなたが思っているほど心は通じ合っていません。「話さなくても理解してくれる」という考え方は、恋愛では「手抜き」！「妻に一度も愛してるなんて言ったことがない。男はそんなことを言うものではない」と自慢げに嘯《うそぶ》いている上司がいるでしょ。そんな人に限って「熟年離婚」の対象になる時代なんだと思うよ。

それに、がんばっている女性だからこそ、家族から評価されたいし、愛を感じたいもの。言葉で伝えなければ、伝わらないことはたくさんあるっていうことを覚えておいて欲しいな。

ところで、「男は口数が少ないほうがいい」と思っている一方、仕事に関する話だけはうんざりするほど饒舌《じょうぜつ》になる人がいる。取引先にもいない？

あなたに気をつけて欲しいのは、出会ったとき、「どんなお仕事してるんですか？」なんて尋ねられて、専門用語を並べ立てて、一方的に話さないこと。

そういう人って共通言語を使わずに、あえて、相手が分からない話をするでしょう。それはなぜ？　ちょっと利口そうに見えるからかな。

客観的に見ていて、「話していて気もちがいいんだろうなあ」とは感じるけどね。相手のことは目に入っていないいんだよね。

そんな人に魅力を感じると思う？　ただただ、退屈なだけだよ。

私は、専門用語を並べて話している人を見ると、この人自身も本当は理解していないんじゃないか、と感じます。

逆に「熟知しているから専門用語だらけなんだ」と感じさせる人の場合であっても、**「相手に対する配慮がない」ひいては、「知らない私を馬鹿にしているのね」と思わせる**ので、もっとたちが悪い。

相手にエネルギーを使えるのが思いやり

難しい話をするときに、だいたい三種類のオトコのコがいます。

一つには**簡単な話を難しくするタイプ**。こういう人は、簡単な話をして自分も簡単な人間だと思われたくないのかな。最悪です。自分のエゴのためだけにコミュニケーションを利用していることになるから。なぜ、目の前の人と一緒に時間を過ごしたいの？　二人にとって豊かな時間とはどんな時間？　もう一度考えてみるべきだね。

次は、**難しいことを難しいまま言うタイプ**。先日、ＩＴ系の会社で仕事をしたときにこのタイプが多いと感じました。ＰＣに関しての用語は、言い換えが難しいのは承知しているけど、私は話の半分は理解できずに、劣等感をもちました。相手に劣等感を感じさせては楽しい恋愛・楽しい接待・楽しい営業にはならないよね。

そして、**本当にアタマのいい男は難しい話を分かりやすく話せる。**「実は、素人に説明できないほどの難しい話は世の中にはない」と、ある文化人が言ってました。

こういう人は、心配りがあって、相手に対してエネルギーを使おうという準備もある。つまり、相手を大切に扱おうと思っているという心理が「共通言語」に現れるわけです。しかも、どんな場面でも相手に合わせた言いかえができると、アタマがいいのが伝わるし、思いやりも伝わる。そんな人がモテるに決まっているよね。

ちょいモテ男になる30秒ワーク

専門的な話を素人にも分かるように話せるようになること。あなたが一家言もっている分野の話、こだわっていること、大好きな趣味の話題ほど簡単に。

笑顔で話を聴く

私の身近に、ある魅力的な男性Kさんがいます。

いつも地味目のスーツを着て、ネクタイも地味で、見た感じは普通の紳士。

でも彼は、一言で言うと、とても辛辣《しんらつ》な人。自分の価値観を押しつけるし、白黒はっきりしなければ気がすまない性格だから、相手にとって「耳の痛いこと」もきっぱりと言葉にする。

自分のルールからはみ出た人とは付き合わないのです。

彼自身が許せないことは相手が誰であろうが、糾弾《きゅうだん》する。さらに自分自身の自己肯定感が高いので、他人から認めてもらえなくても平気。その分、他人のこともあまり

ほめません。お金でも対人関係でも潔《いさぎよ》い。見ようによっては、融通《ゆうずう》の利かない男かな。

でも、魅力的なのです。

なぜなら、一緒にいて「楽しい」から。

「楽しい」って、どういうことだと思う？　「テレビを観て、笑える」とか、誰かが冗談を言って笑わせてくれて「おかしい！」と感じることとは違うのよね。

Kさんは厳しい人だけれど、一緒にいて楽しいと感じさせるのは、私が話したことを**笑って聴いてくれるから**。

たったそれだけで、私は彼の心に自分の言葉と心が確実に届いていると感じる。

そして、笑って聴いてくれたことで存在が認められたと安心します。

彼が「楽しい」のではなく、私たちの間にある空気が「楽しい」のかな。

「おかしい」と「楽しい」は別もの

オンナのコは合コンなどで「おかしい」ことを言ってくれて場を盛り上げる人には、知性を感じます。軽妙なアドリブ力や表現力を「すばらしい」と感心するから。それは、サービス精神から出たもの（自己顕示欲もありますが）だから、暗くて何を考えているか分からないオトコのコより評価は高い、圧倒的に。

ですが、そこには「笑って聴いてくれるとき」に感じる「自分自身を認められた」という満足や安心はないのです。

「楽しい」という気分にさせてくれるオトコのコとの時間は、オンナのコがその場を一緒に過ごしているという実感がもてます。そこには心の通い合いがありますから、自分も認められているという安心感、そして「場をいっしょにつくっている」喜びがあるんですね。「おかしい」と「楽しい」はそのくらい違います。

ちょいモテ男になる30秒ワーク

よく聴いて笑うという「やり方」を身につけてみよう。これは、接待のとき、お客様にも使えるよ。

間を大切に

プロコーチになりたいという人の養成を行なって五年以上になります。

受講者には、大学生もいたし、主婦もいたし、リタイアした人とか、いろいろでした。職業は士業が多く、税理士さんとか公認会計士さんがよく受講されます。医師・看護師・鍼灸《しんきゅう》師など医家も多いです。SEも多いかな。

不思議と皆さんコミュニケーションが上手い人ばかりなんです。コミュニケーションスキルって使えるものだし、生きていくうえで大切なことだっていうのをよく知っている人たちだから、わざわざ時間をつくって、出費もして、講座にきてくれるんですよね。

そんななかで、コーチを目指す多くの人のセッションを見てきました。

コーチにとって大切なことはいろいろあるけれど、「間」を大切にできるということは重要な要素と感じます。とくに、話す相手に合わせて「間」を選べるかどうか。

「間」は、単なる「無音」ではないのです。「無音」だと思っている人は間を怖がります。でも、その間に相手の中では何かが起こっているのです。

だから、待って欲しい。

もし、あなたにとってとても重要な提案をしたときに、相手のオンナのコが黙ってしまったら、それはとても怖い時間だよね。

ちょいモテ男になる30秒ワーク

待つこと。「間」に慣れること。商談でも話し続けていてはだめ。「間」に慣れてくると、有利に商談を進められるよ。やってみてね。

たとえば「今度の土曜日に一緒に映画に行かない？」って、初めてデートに誘ったときなんて、彼女が返事をしてくれるまで、数秒であってもすごく長い時間に感じる。

ほかにも、クリスマスを一緒に過ごそうなんていう提案。結婚の提案。商談のときのお客さまへのクロージング。そんなときは、わずかな時間に不安が過《よ》ぎります。

でも、そこで、先回りをしてはいけません。「やっぱり駄目か……」そう思うと、怖さは増します。「相手から、『ノー』の返事を聞きたくない」と思います。

そんなとき、どうしていますか？　矢継《やつ》ぎ早《ばや》の質問。待ちきれずに説得。諦めて前言撤回。「……な〜んちゃって」とごまかしたり？

でも、待ってください。相手の顔をよく観ていればわかるはずです。相手は、もっと時間が欲しいと思っています。間を大切に。

視点を変えて話をしてみる

相手が振ってきた話題に対して、ほんの少し違った観点からの話をすることによって、あなたのインテリジェンスをアピールすることができます。斜めとか裏側とか。そんな視点の変え方は、刺激的です。コーチは、そんな形で相手に自分の内面を見てもらいます。

こんな感じ。

彼　女「私ね、今の仕事に不満なんだ。でも、やりたいことが見つからないし……」

あなた「そう。不満なんだけど、見つからないんだ。**可能かどうかは脇において、別の仕事ができるとしたら何になりたい？**」

彼　女「だったら、看護師さんになりたい。小さいときからの憧れだったんだ」

あなた「今からだってできるんじゃないの？　オレの知り合いに、子供が生まれてから看護師になった人がいるよ」

こんなふうに、相手に沿いながら少しだけ視点を変えると相手はわくわくします。こんなのもどうですか？

同　僚「部長の判断は、どうも納得いかないな。何考えているんだろ。Kさんを今頃異動させるなんて」

あなた「納得いかないんだね。**もし、君が部長だったらどんな判断をしたと思う？**」

同　僚「そうだな。Kさんは、そのままにして、コールセンターからMさんを新宿支店に異動させるな」

あなた「なるほどね」

同　僚「あっ、でも、待てよ。Mさんは、新宿店長のMさんのご主人か。これじゃあ、夫が妻の下で働くことになる。まずいよな。じゃあ、横浜のOさんはどうだ。あっ、でも横浜のOさんは輸出の仕事に通じているから、今は異動させられない。やっぱり、Kさんしかないか……」

あなた「じゃあ、部長の判断は？」

同　僚「正しいってことか」

――なんて具合です。こんなふうに視点を変えてくれたら、話しやすいし刺激されます。相手はあなたを「好奇心旺盛で、広い視点を持っている人」と感じるでしょう。

それにここでは、「相手の話を受け入れて聴く『繰り返し』のスキル」を使っています。ですから、相手は話題を一方的に変えられたとは感じないのです。

ちょいモテ男になる30秒ワーク

相手の話に対して、ちょっとだけ見方を変えた質問をしてみること。

リラックスできる方法を知っている？

気分がいいときは、細かなことが気にならなくなり、相手のことを許せる心の余裕ができます。

オンナのコもあなたも「気分がいい状態」であれば、当然二人の間にある空気がやわらかくて、会話もうまくいくでしょう。商談だって同じ。警戒心からはいいものは生まれません。

それには、まず相手にいい気分になってもらうことです。これまで相手にいい気分になってもらうために大切なことをいくつか述べましたが、一番大切なことは「あなた自身が楽しい気分であること」かもしれない。**あなたがいい気分で、最高の笑顔で**

いたなら、相手にもその笑顔は伝染するから。

今、あなたがリラックスできて、いい気分になれそうなことは、何ですか？

最近、仕事で成果を上げたことですか？　課長からほめられましたか？　次の休みにどんな計画をもっていますか？　ゴルフで爽快な気分を味わいましたか？　今朝、美人の受付嬢がにっこり微笑んでくれましたね。

いろいろ思い出してみましょう。

悩んでいることもあるでしょうが、人は一番最近の記憶で過去を「上書き」できるそうです。大切な人と会う前に、あなた自身がいい気分になれるなら、それは相手とのいい時間をもつ早道です。

ある有名なプロスポーツ選手は、ミスをした直後に笑います。笑うことで、気分をリセットし、ミスを引きずらないためです。彼は、無用な緊張からくる「萎縮《いしゅく》」を回避する方法を知っているのです。

「上司がつっけんどんで、何かと突っかかってくる」そんな日は、上司も虫の居所が悪いのかもしれませんが、あなたが無意識のうちにいい笑顔を忘れていたのかもしれません。

ちょいモテ男になる30秒ワーク

あなた自身がいい気分になれることをいくつもピックアップすること。

Lesson 5

二人の関係が深まるスキル

ヒロインインタビューをしよう

オンナのコはなぜ恋愛したいのか、考えたことがありますか?「王子様が迎えに来てくれて、私を幸せにしてくれるの」といういわゆるシンデレラコンプレックスの女性は、やや影を潜めています。その証拠に、「憧れのオトコのコ」が放課後の校庭を走る姿を校舎の窓からじっと見つめているオンナのコなんて、いまどきいない。こういうオンナのコって、そういうことをしているときの気分がいい感じなんだろうね。つまり、「恋愛」に憧れているというのかな。いわば、「憧れラブ派」。

でも今は、憧れラブ派は減少し、「ヒロイン派」の台頭が目立つってところでしょうかね。これ、悲劇のヒロインではありません。成功者としてのヒロインです。現代

女性は、自分が人生のヒロインであることを実感したいのです!!

野球のヒーローインタビューを思い出してください。彼女たちはそのヒーローの陰にいたいのではなく、自ら「お立ち台」に上りたいのです。

そんなオンナのコには、ヒロインインタビューしてみましょう。彼女はMVPで、あなたはそこから話を引き出すスポーツ記者っていうわけ。

では、そのやり方。

まず、話を聴くときは、「楽しそうに」反応しましょう。これは鉄則です!

相槌をしっかり打ちます。場合によっては、二度繰り返してみて。**「でっ。でっ?」「それから、それから?」「なるほど、なるほど」という繰り返し打つ相槌は効果的!!**

「声を出して笑う」ということも重要です。あなたが笑えば、彼女は「私自身がこの場の楽しい雰囲気をつくっている」と感じるからです。自慢話に抵抗感のある女性も、あなたが興味深げに、しかも、楽しそうにきいてくれれば、つい「この人がそんなに嬉しいなら、もっときかせてあげよう。話をするって気もちがいい!!」と感じるんです。そこであなた自身は、共感したり、自分の経験も話したりしながら、二人の情報が混ざり合えば心地よい会話になります。

途中で話を奪うのはNG

ただひとつ、ヒロインインタビューでよく気をつけて欲しいことがあります。それは、ヒロイン女性と「似ている体験」をもしあなたがもっていたら、「話をとってしまう」可能性があるということ。ここは厳重注意！

こんな例で見てみましょう。

彼　女「私ね、学生時代は、スノボばかりやってたの」

あなた「オレも、スノボ大好き。大学時代は、全国大会でいい線いったんだぜ。ニュージーランドで合宿して……」

となると、これ、もう話をとっちゃってます。話題の方向を乱暴に転換されたり、押しつけられたり、自分のことを話されたりすると、オンナのコは「私が話したいことから逸《そ》れていってしまったわ」と感じます。

そんなときのオトコのコは「すごくこども！」に見える。

じゃあ今度は、お勧めの会話。

①彼　女「私ね、学生時代は、スノボばかりやってたの」
②あなた「いいねえ。オレも、スノボ大好き。どのあたりで滑った？」
③彼　女「菅平《すがだいら》が多かったな。あと、八幡平《はちまんたい》もよく行った」
④あなた「いいね。いいねえ」
⑤彼　女「菅平で、バイトしながらインストラクターの資格も取ったんだよ」
⑥あなた「へえ〜、すごいじゃん。どう、難しかった？」
⑦彼　女「一年目は無理だったけど、二年目にやったわ！」
⑧あなた「どんな気分だった？」
⑨彼　女「そりゃあ、最高よ！」

なんて会話どうですか？　できそうでしょ。

答えやすい質問から深い質問へ

①みたいな話をオンナのコがしはじめたら、これは「インタビュー」の絶好のチャ

ンス！

②は、彼女がとても答えやすい質問から入ってます。「場所をきく質問」は視覚的イメージをもてるので、彼女は楽しい思い出を掘り起こしやすくなってます。

④では、相槌を打って促しています。こんな聴き方なら、相手はリラックスするし、気もちが乗ってきますよ。

⑥では、②より少し「深い質問」になっています。「深い」っていうことは「考える質問」という意味。でも、「難しかった」かどうかは、彼女が体験したことなので、彼女自身の言葉で語ってもらうと「ヒロイン度」は増します。しかも、そのときの記憶を掘り起こして、話を受

け入れてくれるあなたに「なんて、キャパの広い人かしら～」と感じます。

そして、極めつきは⑧の「どんな気分だった？」。心情まできいてあげられれば、「ヒロイン度」は最高潮！

「質問をする」という意識をもてるかどうかで、こんなに会話は変わります。相手に対する関心を維持し続けられる人は、その人を愛し続けられる人でしょう。

よく「相手が何に興味をもっているか分からないから、話せない」という話をききます。ですが、そもそも話が合わない相手だったのが、そこからちょっとずつ分かりあうことが楽しいんです!! それがコミュニケーションの醍醐味ってもんです。くれぐれもヒロインインタビュー中に自分がヒーローにならないように気をつけて!!

ちょいモテ男になる30秒ワーク

「ヒロインインタビュー」を実践すること！

目標はリラックス

こんなことから考えてみて。

私たちは、なぜ、ともに歩く人が欲しいのかな。一人は寂しい。二人は楽しい。

じゃあ、なぜ異性のパートナーが欲しいのかな。そこには好みや感情などいろいろな要因があるけれど、きっと「安心」が欲しいんだよね。

私たちコーチにとって、クライアントの心理の中で一番大切にしなければならないことは「安心感」。

「安心」の反対は「危険」、ではなく、コミュニケーションでは「緊張」。

緊張しているときと安心しているときの自分の心の状態を思い出してみて。相手に

対して緊張感をもっていると、意識がいろいろなところに向いてしまって、集中できないよね。

硬くなるし、呼吸が浅くなるし、そんなとき自分自身がどう感じているのか、掴み取る力さえも落ちてしまう。だから、緊張しすぎてあがってしまうと、「自分で何を話したか覚えていない」なんていうことになる。

私たちは、緊張や警戒の中で接した相手に対してどういう思いをもつでしょうか。二人の間の温度は低いし、人柄も分からない。相手を好きにはなれないでしょ。だから、**自分を強く見せるために相手に緊張や警戒を感じさせるのは、親しくなろうとするときに効果的ではない。**

自分の緊張を相手に見せない、そして相手も緊張させない方法を身につけられたら、結構大人だね。しかもビジネスパーソンとしてもひとつ成長というところかな。

では、話をしているとき、「安心」できる気分になれるのは、具体的にどんなことを感じたときでしょうか。思い出してみて。

「相手の思いに触れたとき」じゃない？「思い」には、その人そのものがあるし、人としてのあたたかみを感じるから「安心」できるんじゃないかな。

じゃあ今度は、リラックスできているときの自分の心の状態に目を向けてみてください。

対人関係でリラックスできていると、自分自身に心が向かうことを邪魔するものがありません。「この人、私に批判的だわ」とか「私のことをきっとバカだと思っている」なんて、相手の思惑を考えずにいられれば、「裸の自分の心」に向かいやすい。

コーチは、クライアントのこの「安心感」を大切に考えます。

で、最初の話だけれど、愛している異性とともに過ごしたいと思うのは、心から「安心」できる状態になりやすいからじゃないかな。相手の存在を受け入れ、心身ともに解放し、力を合わせて生きていくことで、「見栄」や「よそ行き」、つまり緊張とは違う関係をもてる。

だから、コミュニケーションを「相手も自分もリラックスできる状態」をつくるために利用すべきだよね。

「思い」を話すとリラックスできる

せっかくめぐり合った大切な人とは、新聞ネタの情報交換とかお追従とか「感情」が見えない話より、まず「思いを分かり合える話」に向かって欲しいと思います。

二人の時間を「何のために」使っているか、意識してみて。

①「今日寒いね」
「そうかな」

②「今日寒いね」
「寒いね。でも、一緒だと楽しいね」

③「あっ、ヘリコプター飛んでる」
「おまえ、こどもみたいだな」

④「あっ、ヘリコプター飛んでる」
「二人でいると、空の景色も違って見えるね」

あなたは、①③派ですか？　だとしたら、今日から、②④派でいってみましょうよ。

ちょいモテ男になる30秒ワーク

彼女が安心できるあなたの言って何？分かったら、それを言葉にしてみよう！

「この通りの言葉で」と言ってるのではありませんよ。相手のリラックスのために、あなたのキャラで味付けしてください。

　自分流の言葉が出るようになるためには、自分に向き合うこと、相手の思いを知ろうとすることからスタートします。もし、あなたの言葉そのものが品不足だったら、汗も涙も一緒に出てもいいと思うよ。不恰好でもきっと伝わる。

　もし、あなたのコミュニケーションが、オンナのコを「緊張」させているとしたらどうでしょう？　それでも、不恰好はいや？

承認してる？

　コーチングには、「承認」というスキルがあります。相手を認めることです。形だけを見ると「ほめる」ことと、とても似ていますが、マインドの根底にあるものが違うんです。

　ほめられて、いやな感じがすることがありませんか？　それは、相手の心の裏にあるものをかんぐっちゃったり、自分に何かさせようとしている「操作の意図」を感じたりするから。

　たとえば、初めて会ったときに、もし「君みたいなきれいな人を見たことがないよ！世界中で一番美人だ！」なんて言われたら、常識的なオンナのコなら薄気味悪くなり

ますよ。「いったい何を企んでいるの!?」「下心があるに違いないわ!」ってね。

喜んで真に受けるオンナのコは、本当に世界一の美女か、よほどうぬぼれが強いか、知性に欠けているか、のどれかでしょう。

このほめ言葉が「薄気味悪くさせる」のは、「美人」という「成果だけを見て過大評価」してしまったせいです。コーチングの「承認」は成果だけを見ません。また、「過大な表現」もしない。このあたり、オンナのコはオトコのコ以上に敏感です!!

たとえば、親しいオンナのコがヘアスタイルを変えたら、あなたは、なんと言いますか?

「髪、切ったの?」「あっ、スタイル変わった?」これは、コーチングでは「**変化の承認**」です。「似合うね。こっちのほうがずっといいよ!」これは、「**成果の承認**」です。

この使い分けですが、もし似合うと感じていないなら、コーチングでは「成果の承認」をしません。ここを間違えてしまうと、相手があなたのほめ言葉に「操作」を感じます。

「○○さん、ありがとう」が心に響く

「過大評価」を続けていると、相手はイヤな気もちになるか、徐々に慣れてしまった場合、ちょっとやそっとのほめ言葉では満足しなくなります。

まあ、慣れないうちは拒絶反応が出て、やがて中毒になっちゃうってことですね。

そのうち、ほめないと機嫌が悪くなっちゃったりもする。

ちょっと話が逸《そ》れるけれど、ちまたでは「部下をほめて、気持ちよくさせて、働かせる」ことがコーチングであるような考えがありますが、これは間違いです。

さて、オンナのコとハートのある交際をしたいのなら、歯の浮くようなことを言うより、私はむしろ、「その人の存在そのものを承認する」ことを勧めますね。これは、コーチングでは「**存在の承認**」。

たとえば、若いグループが宴会をしているときに、かいがいしくめいめいに料理を取り分けたり、水割りをつくってあげたりというオンナのコがいるでしょ。

そんなときに当たり前のように受け取っているオトコのコがいる。

「ありがとうの一言を言え〜!!」と腹立たしくなります。たった一言なのに。「ありがとう」は、感謝であると同時に「相手の存在を認めている言葉」。そのとき、「○○さん、ありがとう」と名前で呼んで欲しいな。そうすれば、もっと相手の心に響きます。「どうも」でもなく「サンキュー」でもなく、「ありがとう」。

心からのありがとう、言ってみようよ。

挨拶は「存在を認めているよ」というメッセージ

挨拶も同様。言葉にして言わないオトコのコ、多いよね。

他人行儀なうちは、挨拶をきちんとするものです。つまり、オンナのコをGETするまでは、笑顔で感じよく挨拶するの。ところが親しくなるほど、この「存在の承認」がぞんざいになっていくのね。

家族にちゃんと「おはよう!」って言ってる? 信頼関係ができていても、挨拶のない関係が長く続くと相手は寂しいのです。「自分の存在そのもの」を認めてもらっていないのだから……。「釣った魚(この表現もいまどき何だかなあ……と思うけど)」

にこそ、ちゃんと「承認」をして欲しいんです。

「あなたをちゃんと見ているし、認めているし、一個の人間として大切に考えているよ」と伝えたいのなら、「過大にほめる」よりもまず、「存在を承認」すること。つまり、親しくても挨拶や小さい声かけを行なうことがすっごく大切。

待ち合わせ場所に相手が来たとき、何といって声をかけてます？　そもそも声を出してる？　明るい声で挨拶をすることに抵抗がある？　日本人の男はそんなことをするものではないと思っていません？

チャレンジしてください。今までとは違ったデートになるはず!!

ちょいモテ男になる30秒ワーク

誰でもいいから承認の言葉がけをすること。同僚でも、先輩でも、上司でも。そんなあなたを見ていてくれる人はきっといるよ。

質問を考えない

コーチは、あまり考えないように、とよくプロコーチ養成セミナーで話をします。

なぜなら考えているときは、すでに相手の話を聴いていませんよね。まずは、聴くことが大事なの。

たとえばオンナのコがこんなことを言いました。

「今日はさんざんな日だったわ」

あなたは、次に何を話そうか考えて、彼女の話を聴けなくなります。
①「忙しかったの?」これは、「さんざん=忙しい」というあなたの価値観の押しつけ。
あるいは、

②「また、部長に叱られたのか？」これは、あなたの推測です。ビンゴならいいけれど、外れたら、シラ〜ッ。

「考えない」とはどういうことか？　あなたに彼女の思いや背景が見えるまで、聴くってこと。プロコーチは、

「具体的に話してもらえますか？」

「詳しく説明してください」

「さんざんとは、どういうことですか？」とききます。

自分の勝手で話の視点を変えずに、広くきいていくのです。では、日常会話ではどんな感じになるかな。やってみますね。

彼　女「今日はさんざんな日だったわ」

あなた「そう。さんざんだったんだ。もっと聴かせてよ」

彼　女「実はね、Mさんが発注伝票を書き忘れてね、お客様に品物が届いていなかったの。焦ったわよ！　だって今日創立記念日の会社が、パーティのお客様に差し上げる記念品だったのよ」

あなた「今日が創立記念日か」

彼　女「そうなのよ！　でもね、ぎりぎり間に合ったわ」

彼女は、自分の物語を話したいのが分かるでしょ。こんなときに「また、部長に叱られた？」なんていう突っ込み、欲しくないよね。

「全部聴きたい」「相手の思いや心の中をちゃんと受け止めたい」と思って聴くこと。**ちょっとだけの情報で、全部分かった気にならないこと。**ききながら質問を考えないことが大事。

ただ聴くことと見守ること

会話の続きです。

「そうなのよ！　でもね、ぎりぎり間に合ったわ」

さて、このあと、あなたならどう返す？　コーチング的には、ポイントとなる言葉を繰り返して伝えます。

「そうか、間に合ったんだ。よかったね」というあたりになるかな。すると彼女は、「う

ん、ほっとした! しかも五〇〇個よ。商品センターに在庫はないし、店頭からかき集めてやっとよ。どこまで行ったと思う?」と、彼女はあなたに繰り返されたことが刺激となって、さらに深い話をします。

「どこまで行ったの?」

その調子!! ここでも、あなたはぜんぜん考えなくていいです。

「静岡よ! 帰りに三島に寄って、小田原にも寄ったわ!」

さて、ここで応用編。このあと、彼女の「思い」を汲んで、言ってみましょう。

「お客様に迷惑をかけずにすんで、ほっとしてるんだね」とか、

「トラブったけれど、充実感も感じているみたいだね」。

観察して、相手の思いを言葉にして示してあげます。

どうですか？　あなたが話したこと、まとめてみましょう。


「そう。さんざんだったんだ。もっと聴かせてよ」

「間に合ったんだ」

「どこまで行ったの？」

「お客様に迷惑をかけずにすんで、ほっとしてるんだね」


難しい言葉はかけてないよね。つまり、あまり考えずに、ただ聴くことと見守ることに意識が向かえば、相手は話します。

話し下手は、実は「考えすぎて聴いていない」のです。

ちょいモテ男になる30秒ワーク

あなたが考えずに、聴くことに集中するということをやってみて。

映画を観たあとのとっておきのひとこと

オンナのコとのデートで「話題の映画を一緒に観る」コースを選んだなら、注意してください。映画の後、食事に行くでしょ。

そこで気の利いたことをかっこよく話そう、評論家のように話そう、などと考えてない？　あるいは、映画が終わってからレストランまでの道のり、自分の感想をしゃべり続けていない？

自分の感想を話すのはＯＫよ。オンナのコもきっとききたいと思っている。

要注意なのは、あなたの発想の中に、「どんな感想をもった？」と相手に尋ねるという選択肢がないこと。あなたが話をしたいように、オンナのコだって感想を言いた

いのよ！

もし、自分の感想を言いっぱなしで満足しているとしたら、最悪。彼女はシラケているでしょう。あなたの評論をきくだけで嬉しい！　と感じる人は稀有《けう》。感想を互いに分け合いながら、共通点や相違点を見つけて、そこを楽しむから人間関係は楽しいんだよね。

親しくなれるオンナのコをなかなかゲットできないひとは、**①話題を慎重に選んでしまってなかなかうまく話を進められない人、②自分ばかりが話をしていて気がついたら「シラ〜ッ」としてしまっている人**の二種類。まったく違うようですが、実は共通点がある。それは、自分の発信に意識が向かっていて、相手の話を聴いていないということ。

①の人は、何を話そう、と焦っていて相手の話を聴いていません。会話の軸は、自分なのです。②の人も明らかに自分軸です。どちらも相手不在。ここで相手に軸を移してみるということにチャレンジしてください。

彼女が何を望んでいるか、きいたことある?

でも、ちょっと待って。

自分が話したいから、まず先に相手に話をさせる、という意味ではありません。うちのスタッフにもそういう男がいる。「自分の感想を話したいから、まず彼女に全部話させるんだよね。ぜんぜん聴いてないけど。相手が満足したら、こっちの言いたいことを話せるでしょ」——って、こら!

意識して情報のインプットをして欲しいのです。「コミュニケーション=話すこと(アウトプット)」ではありません。そう誤解しているとしたら、切り替えて欲しい。オンナのコの話をちゃんと聴いてね。そうすれば、彼女の価値観や感情や人生や背景やいろいろなものが見えてくる。

日常どんな質問をしていますか？　彼女が、あなたに何を望んでいるか知ってる？　彼女が、あなたと二人でどんな時間を過ごしたいと思っているか、きいてみたことがある？「オレに、何か望んでいることある？」「一緒にいて、どんなときに楽しいと感じる？」今夜、尋ねてみてください。

ちょいモテ男になる30秒ワーク

映画やテレビ番組の話が出たら、まず、相手にきいてみて。「どんな感想をもった？」

気を使いすぎると、オンナのコも疲れる

恋人や異性の友人との関係で、自分の思いを伝えなくちゃならなかったり、要望したり、時には相手を叱ったりという場面があるよね。そんなとき何らかの対立があると、いろいろ考えて、思ったことを言えないことってあるでしょ。たとえば、彼女の機嫌を損ねないように遠慮したり、いい人と思われたくて遠回しに表現したりということ。

彼女との人間関係が壊れることに怯《おび》えすぎて、かえって距離をつくってしまうことはない？　それは、彼女に嫌われたくないがために、自分の心をディスクローズしないでいるということ。

そんな気の使いすぎは、二人の関係にあまりいいものをもたらさない。

率直なほうがいいのです。すごく勇気のいることだけれどね。つまり、**あなたの思いは引っ込めなくていい**のです。

たとえば、彼女が誕生日に欲しいと思っている品物は、あなた自身にとっては無理を感じる金額。「もっと身の丈にあったものをプレゼントしたい」なんていうこと、あるでしょ。そのときに何と言うか。すごくストレス感じるよね。「ケチだと思われたくない」「生活力がないと思われたくない」「嫌われたくない」こんなふうに「〜と思われたくない」という思いが大きすぎると、自分が本当にどう「感じて」いるのか、自分でも分からなくなる。

ここで、本当に思っている気もちは何？「自分に見合った金額のものをプレゼントしたい」「そこにお金を使うなら、もっと二人のためになる使い方を考えたい」「プレゼントの金額で愛を計らないで欲しい」「正直苦しい」。そんなふうに思っているんじゃない？

慣れないと難しいけれど、その率直な思いを話したほうが二人の関係がさわやかに進行します。

価値観の違いは明確にしちゃえ

ここで言う「率直」というのは、「わがままを通す」ということとは違う。
つまり相手が受け入れられないようなメッセージで、自分の思いを無理やり通すことではありません。

相手が受け入れられる形で自分自身のメッセージを伝え、相手の主張も受け入れ、互いの納得のためにコミュニケーションを続けるっていうこと。

ちょっとずつ歩み寄ったり、「こんなふうに思ってたのか」と理解したり、妥協《だきょう》できるところはそれを伝えて、二人とも納得がいくように話をするということ。

相手と本当に向き合って、そういうことなんだ。

エネルギー使うよね。

あなたがもし、「きみが誕生日に欲しいと思っている品物は、オレにとっては無理を感じる金額。もっと身の丈にあったものをプレゼントしたいんだ」と言ったとして、そこで彼女が「あなたって、しょぼい男ね」と言って離れていくなら、きっといつか離れていく関係です。

悲しいけれど、必ず相手に思いが伝わるとは限らない。誤解されてしくじることもある。でも、どちらかが我慢して、自分を偽ってつき合いが続くより、率直であり続けたほうが、あなたにとってもいい。

オンナのコにとっても、知らずに気を使われているより、価値観の違いは違いとして明確になったほうが、結果いいほうに向くはず。

距離感は遠すぎても近すぎてもダメ

ひとりぼっちになることが怖くて、気を使いすぎる人はいるよね。そんな人は、実はオンナのコをも疲れさせているかもしれない。臆病な人のことを相手は、「どうも親しくなりにくい」と感じるから。

一方で、距離を保ってくれない人とも人間関係を築きにくいと感じます。コミュニケーションってメッセージの交換。間に少しの距離があるからメッセージを受け取れるの。人格が同化してしまうと、メッセージの交換どころではありません。

子供は不完全で、自分の付属物だと考えている親は子供とコミュニケーションをうまくとることができません。

恋人との関係も同様です。知り合ってそんなに時間がたっていない交際相手が、妙に親身だったり、奥さんのように振る舞ったりすると重く感じることってあるでしょ。

同様に彼女はあなたの付属物ではないし、適度な距離を必要としている自立した女性。そして、ちゃんと話せば、あなたのメッセージを受け取れる大人。

彼女に対して率直に、心を開いてみて。いい二人の関係はきっとそこから。

ちょいモテ男になる30秒ワーク

本当に自分が伝えたいメッセージに気づくこと。考えてみてね。

彼女の前で泣けますか?

ひとつ質問です。あなたは、恋人の前で泣けますか? ふ〜ん、泣けないんだ。でも、泣きたくなることはあるでしょ?

「泣けば女はオチる」なんて嘯《うそぶ》く人はここでは除外して、泣きたいときに泣けないオトコのコは多いっていうことを話してみたいと思う。

かくいう私も、若いころ人前では泣けませんでした。家族の前でも泣けませんでした。成育歴において、いろいろな価値観が備わっちゃって、泣けないいんですよね。

泣くことって恥ずかしいことだと教育されてきたからなあ。

泣けない、あるいは笑えない、つらいと人には言えないと思っているオトコのコは

多いんです。そんな「思い込み」がその人自身を窮屈に不自由にしています。

では、泣けない、笑えない理由を考えてみて。「オトコのコなんだから、泣いたら恥ずかしいわよ」「弱虫ねえ」「男はニタニタしちゃいけない」そんなメッセージを与えられて育っていませんか？

では「男が泣いちゃいけない」って本当？それは実は、「根拠」のない話ではない？

こんな風に、泣いたり笑ったりという感情を悪いものであるように捉える親、つまり感情表現の評価に偏《かたよ》りのある親はいます。

別に親が悪いわけじゃない。

でもそういう親の価値観は子供にかなり影響

を与え、子供は自分の気もちに気づきにくくなります。ひいてはコミュニケーションする相手の気もちにも鈍感になります。

自分の感情から目をそらしてはダメ

親がどういう価値観をもっていようと、あなたの思いや感じ方は、あなたのものですから、大切に扱って欲しい。だから、まず自分自身がその感情を見ないようにすることはやめようよ。ひ弱な自分がいたっていいじゃない。

次に相手に言うかどうかだけれど、言わない選択もありだよね。でも、悲しいと感じたこと、つらいと思ったこと、おかしいと思ったことは、大切なパートナーに対して隠してばかりいると、すごく不自由じゃない？

オトコって、そんなに弱音を吐いちゃいけないもの？　つらいとか苦しいとかいうあなたの気もちを「オンナのコは知りたくないはず」と思い込んでいない？

そういうオンナのコもいるにはいるけど、継続的に豊かな関係をもちたくて、あなたの気もちも大事にしたいと思っているオンナのコに、いつまでも「感情を隠している」のはちょっと考えもの。だって、その強がり、ずっと続けられる？

　人にはひ弱な感情があるのは当たり前。大事なのは、その後どういう行動を取るか。勇気の見せ所は、「対処」の方法だもの。だから、その源になっている「感情」を何かで覆わなくちゃならないことはないんだ。とくに、相手が身近で、大事な人ならね。

「泣けない」という感覚には、根っこのところに「思い込み」がある。強がってこれにこだわっても、オンナのコには多分魅力的に映らない。パートナーと豊かな関係を継続したいと思うなら、そんな自分と向き合ってみようよ。

ちょいモテ男になる30秒ワーク

「不安なんだよね」「心配したよ」「寂しいなあ」「悲しいなあ」「怖い」「困った」「つらい」などの「ひ弱」な感情を勇気をもってディスクローズしてみること。

ケンカより大きい利益は何

男女のケンカは珍しいことではないよね。ケンカから互いの理解が生まれることもあるし、相手の無神経な言動に立ち向かっていくことが必要なときもある。ただし、今やってるケンカをどう収束するか、考えて欲しいと思うの。収束を考えずに、感情のままののしりあうのは、バカップルだよね。

ある若い夫婦が深夜、私の事務所にきて、夫の友達・高田（仮名）君の話をしていたときです。行き掛かり上、私も一緒にいました。

妻のアキちゃん（仮名）は、高田君の生きかたを理解できなかったらしく「疑問」を並べていた。事実、何人もの女性を泣かせたり、仕事を怠けたりという高田君は、

潔癖症で責任感の強いアキちゃんにとっては許せない存在だったのです。

スタート時「自分たちの働きかけで高田君に何とか気づいて欲しい」というテーマで二人は話し合っていたはずなの。

ところがやり取りをするうちに徐々に彼女が興奮し、「疑問」は「批判」に変わった。「私は、今度高田君に会ったら、はっきり言ってやるわ。それから、もうあなたも友人としてつき合わないで欲しい。人間として最低よ！　甘えてるわ」と言ったときです。

「たとえどんな生き方をしている男でも、自分の親友をけなすのは許せない」今度は夫の良介（仮名）が憤慨《ふんがい》しました。

どちらの気もちも分かる。私の目の前で、二人は感情をぶつけ合い、決裂。良介は出て行ってしまい、アキちゃんは事務所に残った。

私は、ちょっとしょんぼりした彼女とともにいて「別々のところにいて、仲良しに戻れるはずなどないのに……」と思いましたよ。

離れたところにいれば頭はクールダウンできますが、もっとも必要なのは距離ではなく、コミュニケーションです。対立してバラバラの状態で、どちらも「自分が正しい」と思い続けても、解決策が見つかるはずがない。逆に相手に迎合して、不本意に鞘《さや》を収めるのも自分の中にいいものを残さない。

つまり必要なのは、「勝つため」のコミュニケーションではなく、「互いにとって納得のいく方向や役に立つことを考える」コミュニケーションってこと。

最初から想像できたはずなのになあ。

二人とも、「彼の困った友達・高田君のために何ができるか」を話していたのに、いつの間にか、「譲り合えない気もち」で勝負した。それでは、話し合いの本質から逸れてしまっているじゃない！

今まで彼らが行なったたくさんの「ケンカ」と同じパターンに戻ってた。そろそろ経験から、「勝者になることも敗者になることも意味がない」ことを悟って欲しい。そうすれば、彼女が私の事務所で陣取りをする必要もなくなるはずなんだ。

「コミュニケーション不全は、コミュニケーション過多からは生まれず、コミュニケーション不足から生まれるのよ」と私はアキちゃんに言いました。アキちゃんは「私た

ちはいつも、コミュニケーションし過ぎてケンカになるの、だからそれは違うよ」と言ったけど、これは言いたいことだけしゃべって、肝心なところで互いに向き合わないから、「コミュニケーション不足」なのです。

コミュニケーションが足りてるっていうことは、本当に肝心なところで相手の思いを聴けるということ。

たとえばこの場合なら、良介がアキちゃんに「友人としてつき合うなと言う理由は何？」ときけるかどうか。アキちゃんは「どんな生き方をしてもあなたが高田君を大切に思える理由は何？」ときけるかどうか。そこを分かり合って、その先に「互いにとって有益な方法」を見つけることができれば、どこまでいっても本質から逸れないし、ケンカにもならないのにね。

二人はどこかで「勝とう」としてしまった。

コミュニケーションは、量が質を生みます。肝心なところで外を向き合い、心地いいところだけで向き合っていても、質の高いコミュニケーションは生まれない。分かり合えなくて、疲れるのはもうやめようよ。

ちょいモテ男になる30秒ワーク

本当に相手に向き合わなければならない大切な場面で必要なコミュニケーションを取れるようになること。

共感からインスパイアへ

ここまで読んでもらえば、もうだいたい分かってもらえたと思うけれど、コミュニケーションは、一方通行になるか、循環するかに分かれます。

コーチングは循環型です。上司からの指示命令は、もし部下が「はい！　はい！」ってきいているだけだとしたら、一方通行の典型。あるいは、自分には興味のない噂話、人の悪口、これも一方通行であることが多いよね。

一方通行の話が長く続くと、終わってみたら疲れただけ、ということが多い。ホント、なんであんなに疲れるんだろう。

でもね、気がついたら自分だけが話しているっていうこと、ない？　**気がつくと一**

人で話してしまっているけれど、会話が途切れると怖いし、話をしてしまう。

これ、自分の経験から分かるでしょ。相手もうんざりしてるっていうことです。目や耳から入ってきた情報に反応して、ただ話したり、取り留めのない話を続けてただ時間を埋めたりしていると、相手は「ハイハイ」と返事をしているだけ。

どちらかからの一方通行の話は、きくほうが疲れます。それより、コミュニケーションで相手をインスパイアしてみましょう。

インスパイアとは、**相手が勇気づけられて、心が軽くなれて、行動に結びつく**ってこと。

たとえば、あなたが彼女と一緒に、日比谷公園を散歩していて、あなたは「紅葉」を楽しみ、かさかさと鳴る枯葉を一緒に踏みしめていることを幸せと感じていたとします。そんなときに、彼女が、

「あ〜あ。紅葉なんて、ただ葉っぱが枯れてるだけ。こんなものキレイだという気が知れないよ……」と取りつく島なく一方的に話したら……。どう？ これが一方通行。ただ、きくしかなくて、しかもつまらない。共感がないしね。

彼女があなたを大切にしよう！　と思うようになる

彼女が、「紅葉してるね。秋だなあ～」って言ってくれたら、共感があるよね。一緒に見ることができてよかったって思えるから、空気は温まる。これは、「共感レベル」なの。

共感よりも、もっと強いエネルギーが生まれるのは「インスパイアレベル」。つまり、同じ思いをもっていることを確認できるのが共感レベルで、相手の存在が自分にとってどんな意味をもっているかーメッセージ（参考：七二ページ）を伝えるのがインスパイアレベルです。

大切な人なら、はっきりーメッセージを伝えて、インスパイアして欲しい。たとえば、「ただ葉っぱが枯れてるだけ……」って思っているオンナのコにだって「一緒に紅葉を見られて幸せだな。来年も絶対一緒に見たいな」って伝えることができる。これがインスパイアレベル。あなたの思いが伝わるし、相手の感情も揺さぶられる。共感以上の「勇気」や「行動」や「自信」が生まれる。つまり、メッセージを受け取ったほうは、「来年も一緒にいられるようにこの人を大切にしよう！」って心が弾むし、それに対して何らかの行動を起こそうとするでしょ。

相手から「何らかの行動を引き出したいとき」、私たちは無意識のうちにインスパイアレベルのメッセージを使っています。「君と一緒に初日の出を見たいな」とか「君をどこかにさらっていきたい」な～んてね。いい感じのインスパイアレベルのメッセージだよね。

ところが結婚したとたんに、「会話のほとんどが一方通行」だもんな。「メシ」「フロ」「ネル」。

コーチングって、相手に行動を促し、心を軽く、わくわくさせること。日常でも使えるでしょ。

ちょいモテ男になる30秒ワーク

あなたが一方的に話しているだけの場面がないか考えて。インスパイアレベルのメッセージを届けるようにしようよ。

甘い
みかん

〈著者略歴〉
播摩早苗（はりま　さなえ）
（株）フレックスコミュニケーション代表。
ＨＢＣ北海道放送にアナウンサーとして勤務後独立。コミュニケーション心理学、自己表現、コーチングを学び、2001年フレックスコミュニケーション設立。自らも講師として、企業内の管理職研修、営業職研修、プレゼン研修のほか、士業、教員、医師などを対象としたオープンセミナー、女性のためのコミュニケーションセミナーなどを中心に活動する。ラジオ番組出演、経営者・管理職対象の講演などを通し、コーチングの普及活動も活発に行なっている。
主な著書に『目からウロコのコーチング』『あなたを成功に導く「気づき力」』『今すぐ使える！　コーチング』『マンガでわかるコーチング・ルール』（以上、ＰＨＰ研究所）など。
http://www.flex-communication.com
e-mail:coach@flex-communication.com
TEL:03-5433-5509

装幀◎渡邊民人
本文デザイン DTP ◎堀内美保（タイプフェイス）
イラスト◎草田みかん

超人気プロコーチが教える
モテる男の会話術

2006年11月8日 第1版第1刷発行

著　者◎播摩早苗
発行者◎江口克彦
発行所◎ PHP研究所

東京本部　〒102-8331　千代田区三番町3-10
ビジネス出版部　☎ 03-3239-6257（編集）
普及一部　☎ 03-3239-6233（販売）
京都本部　〒601-8411　京都市南区西九条北ノ内町11
PHP INTERFACE　http://www.php.co.jp/

印刷所◎
製本所◎共同印刷株式会社

落丁・乱丁本の場合は弊所制作管理部（☎ 03-3239-6226）へご連絡下さい。送料弊所負担にてお取り替えいたします。

ISBN4-569-65785-0